いじめ問題とどう向き合うか

尾木直樹

表紙デザイン＝荒木洋子

岩波ブックレット No. 695

第1章　深刻化する今日のいじめ

1　絶望する子どもたち——いじめ対応の問題点

いじめ「第三のピーク期」(二〇〇六年〜)　一般的にいじめはストレスが原因で起きるとされています。いじめっ子は相手がいじめられて苦しむ姿の中に、自分と同じような苦しみを発見するのです。そして「ああ、自分だけじゃないんだ」と安心し、ある意味では無意識のうちにも癒やされるのです。なぜなら、自分に心やすらぐ居場所がなかったり、あるがままの自分を受けとめてもらえなかったりしているために、いじめっ子は努力して「いい子」を演じなければならないなどの辛さを感じている場合が少なくないからです。つまりいじめ行為は、動物が苦しむ姿を見ることで、ストレスを発散させたり癒やされたりする、動物虐待における加害者の心理にも似ているのです。

これまでの研究や学校現場における私の体験でも、いじめの加害者心理は、ほぼこのような構造でした。今日のいじめ問題の特徴を正確につかむためには、いじめの背景に潜《ひそ》むものは何かを把握することが必要です。すなわち、こうした子どもたちの複雑な心理的屈折とともに、子どもたちをとりまく今日の文化的、社会的な状況が急激な変化を生じているという側面をとらえることが大切だと考えています。

二〇〇六年に起きた、いじめを苦にした自殺の連鎖は、これまでに経験したことのない勢いです。一日に三人もの子どもたちが、いじめを苦にして自殺や未遂事件を起こす日さえ珍しくない状況でした。二〇〇六年一月から一二月七日までの間に報道されただけでも、いじめ自殺は未遂(二件)も含めると一二件も起きています。一二人もの犠牲者が出ているのです。その他の原因不明とされる小・中・高生の自殺者は、二〇〇六年だけでも二五人にも及び、合計すると三五人が自ら命を断ったことになります。文部科学省(以下、文科省)も、伊吹文部科学大臣宛に「いじめ自殺予告の手紙」まで届く有様です。一一月上旬には、深夜の一二時一五分に緊急記者会見をひらくという、早急な対応に追い込まれました。また、二〇〇七年二月には、千葉県松戸市でいじめの被害者から加害者に転じた中学二年生の男子が自殺するという事態さえ起きています。

私は、このようにいじめ自殺が連続するなど、いじめ問題が深刻化した二〇〇六年以降を、いじめの「第三のピーク期」と呼んでいます。次の項で述べますが、これまでもいじめ問題が深刻化し、社会的に大きな注目を集めた「ピーク期」は二回ありました。今回は第三のピークであると考えられます。この第三のピーク期の特徴は何かを押さえる必要があります(四ページ図1―1参照。なお、「第三のピーク期」以降については拙著『いじめ問題をどう克服するか』(岩波新書)を参照)。

第一のピーク期(一九八五~八七年ごろ)――いじめはエピソード?　「第三のピーク期」のいじめについて理解する上でも、これまでの二回のピーク期についてふり返っておくべきでしょう(五ページ表1―1参照)。

図1−1　いじめの発生件数の推移(文部科学省調査)

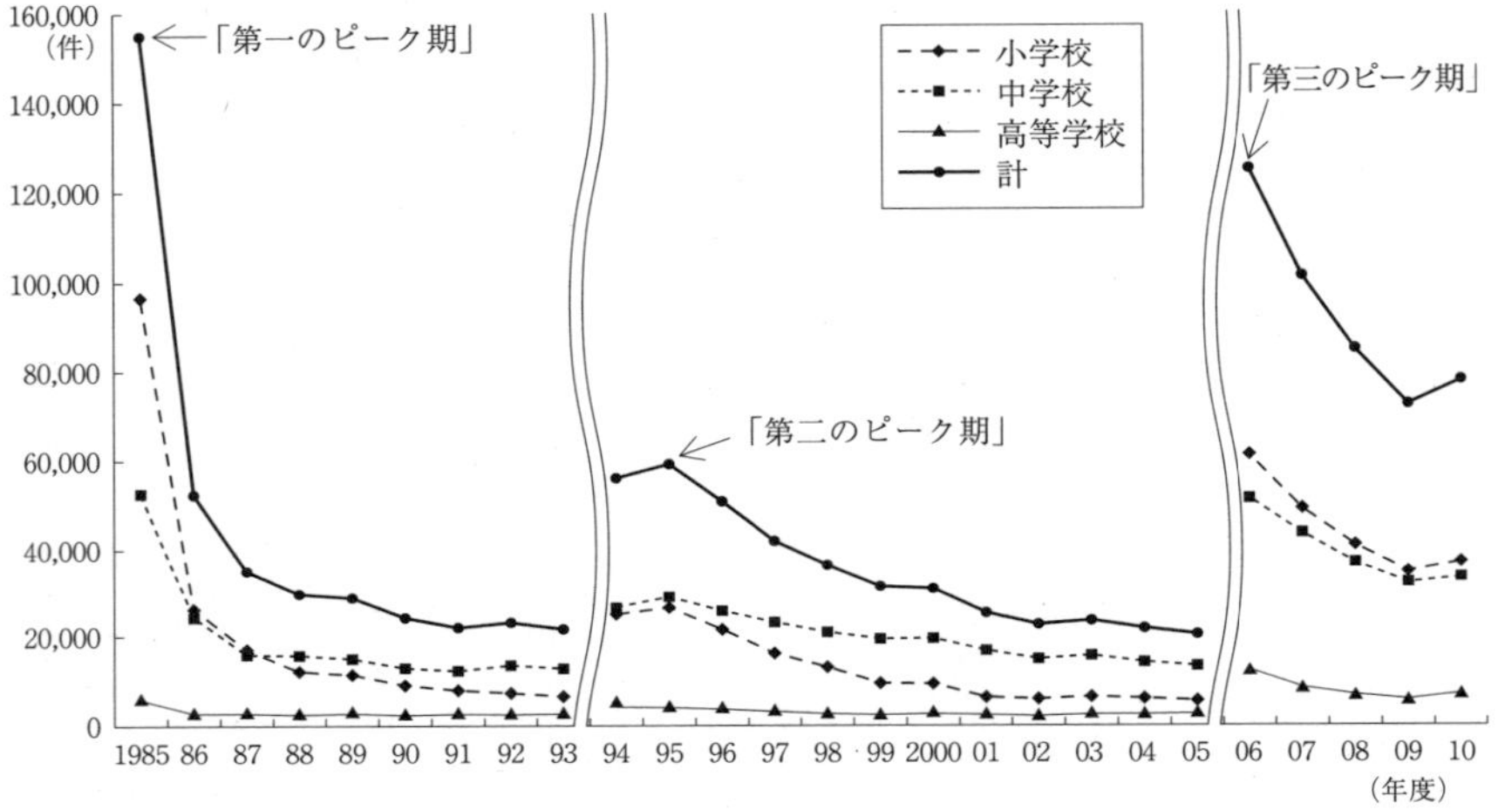

注1：　1994年度からは調査方法を改めたため，それ以前との単純な比較はできない．
注2：　1994年度以降の計には，特殊教育諸学校の発生件数も含む．
注3：　「第三のピーク期」(2006年度)以降は，これまでの発生件数から認知件数に切り替わる．

「第一のピーク期」は、一九八五年から八七年ごろのおよそ三年間です。この時期は、「いじめ」について、一般的には「いじめられる方も悪い」「いじめは昔からあった」というとらえ方が主流を占めていました。ですから、「いじめられたらやりかえせ」とか「いじめを通して子どもは成長する」などという暴論まで飛び交っていたのです。

一九八六年二月、東京都中野区の富士見中学二年生の鹿川裕史《しかがわひろふみ》君がいじめを苦に自殺した事件では、「葬式ごっこ」と称して、級友たちが「死んでおめでとう」と書かれた色紙をつくり、担任をはじめ四人もの教師がそれに署名していたのです。当時は、教師も意味をあまり深く考えることもなく、生徒と一緒にいじめに参加してしまうという、立場を忘れた情けない状態があったようです。

つまり、その頃にはまだいじめが、子どもが自ら命を断ってしまうほどに人間の尊厳を傷つける行為であるという認識が弱かったのです。父親の訴えにもとづいて開かれた裁判でも、東京地裁の判決では「「葬式ごっこ」はいじめというよりもひとつの「エピソード」とみるべきもので、自殺と直結させて考えるべきではない」と判断されたほどです。これは、いじめに関する当時の社会の認識水準を表した典型的な、それこそ「エピソード」といえます。

本章2でも述べますが、当時の文部省の定義では、いじめは「学校が確認したもの」という但《ただ》し書きがついていたことも特徴の一つです。すなわち、いじめかどうかの決定権は教師にあったのです。いじめられる子に生活や性格上の問題点などがあれば、その弱点を直さない本人が悪いと見なされ、いじめとしては確認されなかったのです。もちろん、いじめの件数にもカウントされませんでした。また、家庭に複雑な問題などをかかえていると、たとえいじめと認定しても、自殺は家庭の問題にされ、結果的にいじめ行為が見逃されてきたのです。

表 1-1　いじめ問題の意識と対応の前進

〈第一のピーク期(1985～87 年ごろ)の特徴〉

・いじめられる方も悪い
・いじめは昔からあった
・いじめられたらやりかえせ
・いじめを通して子どもは成長する
・先生も生徒と一緒に具体的にいじめに参加(葬式ごっこ)
・いじめは学校生活の「エピソード」の一つにしかすぎない(東京地裁)
・いじめは学校が「確認」したもの(文部省)

⇓　(前進)　⇓

〈第二のピーク期(1994～96 年ごろ)の特徴〉

・子どもの権利条約の発効(1994 年 5 月)
・「いじめる方が悪い」(一応の建前)認識
・現代のいじめは昔と違う
・いじめは許せない
・いじめの SOS をキャッチせよ(アンケート)
・各行政単位のホットライン開設(文部省対策委員会設置 1996 年 2 月)
・カウンセラー配置など
・被害者救済の世論の高まり
・本人の訴えによりいじめと認定
・国際的視野の芽生え

第二のピーク期(一九九四〜九六年ごろ)——いじめる方が悪い

このような鈍い人権感覚から大きく前進し始めたのが、「第二のピーク期」です。一九九四年から九六年ごろのおよそ三年間にかけてです。

この時期に大きく前進できた契機として、一九八九年一一月に国連総会で採決された「子どもの権利条約」の影響があります。日本でも、遅まきながら九四年四月に国として世界で一五八番目に批准し、五月に発効しました。この条約の理念は、子どもと親、あるいは大人と子どもの関係性における歴史的、画期的な内容であるといってもよいでしょう。これを受けて、子どもの生活や環境、大人や学校との関係性のあり方や子どもの諸権利の問題に光があてられました。こうした、社会的な変化も追い風となり、人権の視点からいじめ問題が議論され、いじめを追放しようという気運が盛り上がっていったのです。

そうした流れの中から、やはり「いじめる方が悪い」という認識が、世論として広がり始めます。ただし、まだまだ「建前としての認識」のレベルでした。実践現場には「いじめられる方も悪い」という考えも根強く残っていました。しかし、「現在のいじめは昔とは違う」「いじめは許せない」などという一般的な認識レベルでは前進できたわけです。

いじめに対する取り組みでも、「いじめのSOSをキャッチせよ」というスローガンが、国民的な合言葉となり、各地でいじめ発見のためにアンケート調査がおこなわれたり、各行政単位では、いじめ救済のホットラインが開設されたり、文部省も九六年二月には対策委員会を設置したりしたのです。「なにわのジョー」と呼ばれた元WBC世界チャンピオンのプロボクサー辰吉丈《たつよしじょう》一郎《いちろう》氏が「いじめ許さん」と新聞やテレビを通して語りかけたのは、九五年一一月のことでした。また、プロサッカーの前園真聖《まえぞのまさきよ》選手は「いじめ、カッコ悪い」と語りかけ、いじめられっ子に対する「なぐさめ型」、「抱擁《ほうよう》型」ではなく、いじめ行為をみっともないもの、恥ずべきものという視点に切り変えてメッセージを送りました。これは、九六年九月のことでした(いずれも公共広告機構の企画)。

九四年一一月には愛知県で、当時中学二年生だった大河内清輝《おおこうちきよてる》君が、ひどいいじめを受けて自殺するという衝撃的な事件が起きたこともあり、カウンセラーの全国的な配置がはじまります。被害者救済の世論が一気に高まったことも第二のピーク期の大きな特徴でした。

何よりも大きな変化は、九四年に、文部省(当時)がいじめの認定について、「本人の訴えがあればいじめと確認」すると変更した点です。当時、私たちはくり返しこの変更を主張し続けていました。そもそも学校がいじめを「確認」するなどとは、とんでもない勘違いであり、それこそ傲慢《ごうまん》です。「本人がいじめられたと訴え出れば、即いじめである」と認識しないかぎり、対応は一歩も進みません。なぜなら学校はともすれば、明らかないじめを、その子の〝弱点〟を〝改善〟するための指導や援助活動と錯覚《さっかく》してしまうからです。そのようなケースが、かつては多々見られたのです。これは、今日に至っても主流をしめている、認識方法の明らかな間違いです。

このように文部省はいじめの定義を変え、当事者がつらいと感じたら、たとえ相手には善意のアプローチのつもりでも、その時点ですでにいじめに転化しているのであり、すぐに被害者救済に入らなければならないという意味に切り替わったのです。いじめに関する人権意識が急速に高まったといえます。

さらに、いじめが八〇年代に言われていたような日本固有の現象などではなくて、国際的に見ても先進国に共通した社会的病理現象であるという認識も広がりました。九六年六月には当時の文部省もアメリカ、オーストラリア、イギリスなどから研究者を招聘《しょうへい》し、「いじめ問題国際シンポジウム」を開くなど、いじめ問題への関心が国際的な視野で広がり、社会にも広く認知されるようになっていきました。

大きく後退した一〇年間（一九九七年ごろ～二〇〇六年）　こうして、「第二のピーク期」には、まだまだ不十分ながらも、一応人権意識の観点から見れば、大きな前進が見られました。にもかかわらず、一九九七年ごろから今回いじめ問題が深刻化した二〇〇六年に至るおよそ一〇年間は、むしろそれらが次々に後退し、いままではかつての前進した地点における成果が影も形もなく霧散《むさん》しているような状況です。この人権認識、共生の思想の後退と引き替えに強者の論理が台頭したことこそが、今日のいじめ問題の大きな背景であり、今後、分析し、克服すべき課題であるといえます。

たとえば、新聞などでも、いじめ問題に関して、各界の著名人が子どもたちにメッセージを発信するという連載企画が組まれました。自らの体験にもとづく心のこもった善意からの発言で、その一つひとつの思いやメッセージは、優しさに満ちています。誰もが知っている著名な作家、スポーツ選手、タレント、文化人など多彩な人々からのものです。しかし、メディアを通して発せられるそれらのメッセージが、実際にどれほど今日のいじめ問題の解決の力になるのか、大いに疑問を感じずにはいられません。

なぜなら、いじめられている子どもにむけて、「それでも話してみて」とか、「明るく笑い生きぬいて」「すばらしい瞬間が必ずくる」「つらい経験が自分を救う」などというメッセージがくり返されているからです。すなわち、いじめられっ子が何かをすべきという視点での「呼びかけ型」「抱擁型」ばかりなのです。「いじめはいけない」「いじめをやめよう」といったメッセージは、メディアにはあまり登場しません。まるで二〇年前の八〇年代に逆戻りしたかのようです。

「いじめる奴を説教しても変わらない。大事なのはいじめられる奴を鍛《きた》えること」と主張する、中学校教師役で著名なタレントまで登場する始末です。東京都の教育長は「相談する勇気を持ってください」という緊急アピールを各学校を通して全児童・生徒に配布しました。「生きろ、生きろ、自殺なんかするな」「夢をあきらめるな」「人生は素晴らしい」と色紙を寄せたのは、バルセロナ(スペイン)で活躍するサッカーのスーパースター、ロナウジーニョ選手です。

自殺を何とかくいとめたいという気持ちは痛いほど理解できます。しかし、これでは何の力にもならないばかりか、逆にいじめられている子どもに責任を転嫁し、心理的に追いつめかねません。なぜなら、これらは全てがいじめの被害者への叱咤《しった》激励《げきれい》になっているからです。がんばれない、相談する勇気も湧《わ》かない、ましてやたたかいようがないからこそ、つらくて自殺したくなっているのに、これではどんなに善意からであっても、うつ病の患者に対して言ってはならない「がんばれ!」という言葉で励ましているのとほとんど同様の間違いです。いじめ問題は、いじめる側を何とかすることこそが解決の道なのです。

いま、いじめられっ子から、私たちに求められているものは、いじめっ子にいじめを止めさせるためのメッセージのはずです。たとえば、ひきこもり問題への発言で知られる斎藤環《さいとうたまき》氏(精神科医)の「その安心感は自由を奪う」と題した加害者側へのメッセージは、いじめられる者を強く励ますことのできる内容となっています。「(前略)だけど、君には、ここで立ち止まって考えてほしい。大人になっても、だれかを傷つけるような人になりたいかどうか。いじめを続けることで、失われるものがたしかにあります。自分自身が大切で、かけがえのない人間であるという自覚が、いちばん損なわれます」(『朝日新聞』二〇〇六年一一月一五日付)と心に響く呼びかけとなっています。いじめっ子に対して、物理的にも心理的にも排除の発想ではなく、君のことが心配でたまらないよと、加害者の心に深くくい込む、このように鋭くも温かいメッセージを送ることが、いま私たちには求められているのです。こうして加害者を非人間的行為であるいじめから一刻も早く脱出させてやるべきなのです。加害者がいじめをやめられれば、被害者はいじめから解放されるのですから。

いじめは自己責任か?　「第二のピーク期」には、先述のように「いじめははずかしいこと」「かっこ悪い、だからやめようよ」というメッセージが、メディアなどでいじめっ子に発信し続けられました。

いじめられている子どもたちにとって、「いじめ、やめようぜ」「かっこ悪いよ」と著名人やスポーツ選手、タレントなどが発言してくれるだけで、どんなにか救われたことでしょう。社会全体から、「いじめをやめよう。いじめることは実はあなたの自由を奪うことになるんだよ、あなたの尊厳を傷つけることになるよ」といった、いじめる側へのメッセージが発信され続ければ、いじめられている子どもは「そうだ、僕に問題があるんじゃない。いじめている人たちは恥ずかしい人だ。彼らこそもっと自分を大切にし、がんばらなきゃ駄目なんだ」と、いま受けているいじめを冷静に相対化し、客観的に見つめることもできるようになることでしょう。さらには自分でも、その困難から脱出する知恵や勇気、力が湧いてくるかもしれません。

　何度も言いますが、メディアなどを通じて社会が発するメッセージは、いじめられている子どもへの叱咤激励である必要などまったくないのです。いじめ問題は一〇〇％、いじめる方が悪いのです。ですから、メッセージもいじめる側により積極的に発信していくべきです。これはいじめ問題を解決する際の原理・原則でもあるのです。ところが、このことが現在大きく揺らぎ、後退しつつあるのです。

　こうしたいじめをとらえる心理の変化こそ、社会や国、はては私たち一人ひとりに至るまで、人権感覚が衰え、苦悩する者の叫びに共鳴できなくなってきていることの象徴と受けとめざるを得ません。私は、そのことに大きな不安を感じます。

　今日の「格差社会」に象徴されるように、弱肉強食的な考えや行為を是《ぜ》とし、いじめられる側にこそ問題があり、それは自己責任だという、いびつで錯綜《さくそう》したものの見方や発想が広がってしまっているのではないでしょうか。

2　今日のいじめの特徴

文科省のいじめ定義の問題　文部省(現文科省)は、一九八五年に「いじめ」を次のように定義しました。

「①自分より弱い者に対して一方的に、②身体的心理的攻撃を継続的に加え、③相手が深刻な苦痛を感じているものであって、④学校としてその事実(関係児童生徒、いじめの内容等)を確認しているもの。なお、起こった場所は学校の内外を問わないものとする」(注：数字は筆者)。

この定義は、いくつかの大きな問題点を含んでいました。

一つめの問題は、すでに触れた「学校としてその事実を確認しているもの」とする、最後の条件部分です。この条件は九四年度の調査からようやく削除されました。ですから文科省発表のデータ(四ページの図1－1)でも、図の注1で説明されているように九三年度以前との比較ができないので、グラフが途切れているのです。

そもそも、いじめであるかどうかを判断するのは、あくまでも被害者本人のはずです。きわめて、心理的・精神的側面が強いからです。どうして、学校が被害者の心に代わって判断を下すことなどできるでしょうか。この一項にさえ、何でも自分たちが一番わかっており、正しい判断ができるのだと言わんばかりの、高みに立ったような学校側の視線を感じざるを得ません。現在でも記者会見などで、明らかにいじめであっても、いじめと認定せずに「現在調査中」とか、「いじめかどうか断定できない」などと、教育委員会や校長が右往左往している姿をテレビでよく目にします。

「弱い者いじめ」なのか　文科省の定義における二つめの問題点は、「自分より弱い者」という表現に関してです。この定義から「弱い者いじめ」なる言葉がひとり歩きし始めたようです。二〇〇六年のいじめ自殺の連鎖に対応すべく、緊急招集された全国都道府県、政令指定都市生徒指導課長会議（二〇〇六年一〇月一九日開催）で配布された文書「いじめ問題への取組の徹底について」の中にも、まだこの「弱い者いじめ」という表現はそのまま使用されています。

しかし、実際に起きたいじめ事件を丁寧に分析してみると、決して「弱い者」だけがいじめられているわけではありません。とりわけ、いじめで自殺する子どもに関しては、逆に強い意志のある子どもである場合が少なくないのです。不登校というかたちをとれば死なずに済むかもしれないのに、がんばって登校してしまうのです。優秀だったり、あるいはいじめをやめさせていた子が犠牲になっている例（たとえば岐阜県瑞浪《みずなみ》市の中学二年の女子が二〇〇六年一〇月、いじめを苦に自殺したケースなど）を見れば明らかです。全教科が「5」に近く、スポーツマンで、明るく人柄もすばらしい人気者の中学三年生の生徒会長ですら、いじめを受けて自殺してしまったケースさえあります。またいじめを受けまいと訓練を重ねて、武道に秀でた男の子たちが、逆にシカト（無視）のターゲットにされることも珍しくありません。なぜなら、彼らは「強い」がゆえに、逆にいじめっ子に嫉妬《しっと》されたり、疎《うと》まれたりしていじめを受けるのです。

もちろん自己主張の力が弱い者や身体的弱者がいじめの対象になることも珍しくありません。

しかし、そうした子どもばかりがいじめられているのではないことは、事実を少し丁寧に検証すれば明らかです。いじめは相互関係性のなかで、たまたま「優位に立った一方」からなされる一種のパワーゲームという側面もあるのです。一つの学級内の固定された人間関係の中だからこそ、その時々の力の差がはっきりしやすく、その落差を利用していじめが発生するのです。教育社会学者の森田《もりた》洋司《ようじ》氏の説に従えば、いじめは「集団内の相互作用過程」における現象として表れるということです。

したがって、その加害・被害の立場は流動性が高く、場面や状況が変わるといつなんどきいじめの加害者と被害者の立場が入れ替わってもおかしくありません。いじめられている子が、他方では同時に別の子をいじめる加害者であるケースも珍しくはないのです。このことは、九五年に行われた文部省のアンケート調査によっても明らかにされています(表1—2参照)。たとえば、中学生の場合「今いじめている」子の八・七%が「今いじめられている」と答え、三三・八%もが「最近いじめられた」と回答しています。

このように「弱い者いじめ」という定義は実態に即していないばかりか、いじめそのものの原因をいじめられる側の「弱さ」に求めているという問題点もあります。したがって、いじめの被害者たちを「自分は弱い人間なのだ」という心理的劣等感に追い込み、時として、加害者を告発する勇気を奪う役割さえ果たしてきたともいえます。とくにプライドが高くなる思春期の中学生は、なおさら誰にも被害を訴えることができず、自分一人で苦悩を抱え込まざるを得ないのです。そして、時には自殺にまで追い詰められてしまうのです。

表 1-2　いじめの立場の変化

いじめた体験のある子どものいじめられた体験
小学校

	最近いじめられた	今いじめられている	いじめられた経験はない
最近いじめた	38.2%	15.5%	46.3%
今いじめている	42.3	23.1	34.6
いじめた経験はない	28.9	8.5	62.6

中学校

	最近いじめられた	今いじめられている	いじめられた経験はない
最近いじめた	27.4%	5.0%	67.6%
今いじめている	33.8	8.7	57.5
いじめた経験はない	17.7	5.0	77.3

高　校

	最近いじめられた	今いじめられている	いじめられた経験はない
最近いじめた	23.5%	6.2%	70.3%
今いじめている	22.2	16.7	61.1
いじめた経験はない	9.2	3.8	87.0

文部省・児童生徒の問題行動等に関する調査研究協力者会議「児童生徒のいじめ等に関するアンケート」(1995 年 1 月実施)

このほかにも文科省の定義の問題点はあげられます。たとえば、二〇〇六年一〇月に福岡県筑前《ちくぜん》町で中学二年の男子がいじめを苦に自殺した事件では、みんなの見ている前でふざけてスケッチブックに走り書きで遺書を書いたので、必ずしも③の「深刻な苦痛を感じている」とは考えられないなどという判断を当初学校側はしていました。いじめかどうかの「判断」に迷走していたのです。②の「継続的」であったのかどうかという判断においても同様です。しかし、いじめを苦に自殺した子どもたちを、これほど冒瀆《ぼうとく》した対応はありません。亡くなった子どもたちに対して恥ずかしい限りです。これではほとんどのケースがいじめとは認定できなくなってしまうのです。

もっとも、文科省も二〇〇七年一月一

九日、これまでのいじめの定義を見直し、「当該児童生徒が、一定の人間関係のある者から、心理的・物理的な攻撃を受けたことにより、精神的な苦痛を感じているもの」とし、「一方的に」や「継続的」「深刻な」といった表現を削除しました。これまでの批判を受け、ようやく重い腰を上げたかたちです。実態により近い定義となったことは歓迎できますが、後に触れるように、単に機械的に「いじめか否か」を判定する文科省、教育委員会、学校の姿勢も変わるべきです。また、いじめの実態調査についても、ケータイなどで精神的な苦痛を受けたことがないか調査することや、私立や国立の学校においても調査することなどを決めています。しかし、私立では経営問題が絡むために、いじめが隠蔽《いんぺい》される場合も多く、そのことにどう対処するのかなど課題は残されています。

最新のデータが示すいじめ地獄

いじめに関する最新のデータが、二〇〇六年一一月に発表されました。「しつこいからかいや無視など不愉快になること」を「精神的ないじめ」と定義し、調査を行ったものです。京都大学大学院医学研究科の木原雅子《きはらまさこ》助教授(当時)と全国高等学校ＰＴＡ連合会が、全国の高校二年生六四〇〇人を対象にアンケート調査をまとめました(北海道から九州まで、九地域・公立高五校を抽出。二〇〇六年九月実施、無記名)。

調査結果によると、被害経験は小学生時点では、男子が五五・六%、女子六二・七%です。中学生時点では、男子五二・七%、女子五四・一%。高校では、男子三八・〇%、女子二九・五%となっています。低学年ほどいじめが常態化していることがわかります。それにしても、高校で、四割近くもの男子と三割近い女子が被害を受けているとは驚きです。また、「加害者と被害者両方の経験がある」と答えた者は、小学生時点で男子四六・七％、女子四六・六％とともに四割を超えています。

これらの調査結果からわかることは、いじめの「第三のピーク期」の特徴とも重なります。すなわち、次の四つの特性を示していると考えられます。

①いじめの量的増大の問題です。これまで経験したことがないほど多くのいじめが発生し、教室に蔓延していることです。

②いじめを取り巻く環境やいじめ行為の質的変化の問題です。これほど多くの自殺が連鎖してしまう原因には、マスコミ報道の是非やあり方も問われるべきだと思います。しかし、これほどまでに連鎖してしまう直接の要因は、マスコミ報道よりも、いじめを取り巻く環境やいじめ行為の質的な変化にこそ注目すべきでしょう。

③高学年化ともいうべき現象の問題です。高校生に至っても、いじめが継続し、むしろ拡大している場合さえ少なくありません。

④いじめの加害・被害両方の経験者が流動的に入れ替わるという問題です。調査結果をみても、加害・被害の両方とも経験している者は、すでに小学生時点で四割を超えています。

この④の特徴は、今日のいじめに対処するためにも大切な視点です。被害者と加害者の立場が流動的でたやすく入れ替わるのであれば、いじめの加害者を厳しく罰しようとしても、加害者の特定は困難です。また、かつてのようにいじめの加害者が比較的固定化しておらず、「いじめっ子」なる特化された人格や人間像としてはとらえにくいので、対応が難しいのです(ただし、いじめをしている際の加害者の特徴は抽出できるので、対応にあたっての一つの手掛かりとはなります。四五ページ図2―1参照)。したがって対応を間違うと、子どもたちの間に混乱や不平等、不公平感を生み、逆に新たな問題を引き起こしかねない結果となってしまいます。

加害者と被害者が流動的に入れ替わるということは、子どもたちの側からすれば、いつ自分がいじめられる側になるか予測できないという不安を抱えていることをも意味します。したがって、ともすると、いじめられないように、いじめる側や傍観者の立場にしがみつくことにもなります。いじめの被害者がその後、加害者に転化する割合は、加害者が固定化されて、そのまま加害行為を続ける割合に比べると、小学生時代で七~九倍、中学生では七倍、高校では、何とこれが一六~一七倍にも達しているのです。いま述べた「いじめられないためにいじめをしている」、すなわち周囲からの「同調圧力」(ピアプレッシャー)に負けてしまっている層がいかに厚いかが予想されます。それも、すでに自他の認識ができあがり、いじめなど卒業して、大人の精神年齢に成長しているはずの高校生の段階にもなってです。

いじめの「第三のピーク期」のこれら四つの代表的な特性は、その背景分析を行うことによって、客観的な克服の方向を打ち出すためには押さえるべき不可欠のポイントでしょう。

学校と教育現場に絶望する子どもたち

いじめを苦にして自殺した子どもたちの遺書や、それをめぐっての教育委員会や学校の対応などからも、子どもたちの叫びの本質やいじめの構造の変化、社会的意味が浮き彫りになるように思います。

二〇〇五年九月九日の朝、北海道滝川市の小学校の教室で六年生の女児(当時一二歳)が首を吊《つ》り、二〇〇六年一月に死亡しました。彼女は「私が死んだら読んでください」との添え書きを付けて、七通もの遺書を残して自殺をはかったのです。

クラス宛の手紙では「私は、みんなに冷たくされているような気がしました。それは、とても悲しくて苦しくて、たえられませんでした。なので私は自殺を考えました」などと記されています。学校に宛てた手紙には、三年生で周囲に避けられるようになり、六年生で自殺を考えたと告白。家族への手紙では、自殺を決めたことへの謝罪の言葉が綴《つづ》られています。

当時の学校側の調査では、女児は首を吊る直前に行われた修学旅行(八月三一日～九月一日)のグループ分けで、クラスから仲間外れにされ、所属班を決定するために三回も学級会が開かれたことが分かっています。また、首を吊る四日前には、自殺を示唆《しさ》する手紙を「秘密にしてね」と友達に手渡しているのです。母親も、学校側が事実をうやむやにしていることに対し、「いじめを認めてほしい」と訴え続けていたのです。ところが、市教育委員会は「(遺書にある)無視が即、陰湿ないじめに結びつくとは思わない。遺書の中身自体は学級でよくあること。原因は今も調査中だ」と弁明していたのです。

これほど明白ないじめの存在や、自殺との因果関係が推測されるにもかかわらず、いじめの存在を認めないなどの教育委員会の対応が、遺族のみならず、この事件を報じたテレビを視る全国の視聴者の疑問や怒りをかったことは言うまでもありません。この事件を通して、学校と教育行政における子ども不在の事なかれ主義的態度は、嫌というほど広く国民に認知されていったようです。

こうした動きのなかで、前節で述べたように、一一月六日には伊吹文部科学大臣宛に「いじめ自殺予告」の手紙が届きました。この手紙には、「テレビなどでは、いじめた人は、先生や校長先生や教育委員会がみんなグルになってしょうこをいんめつしたりしていじめはないとウソをついたからです」とか「なにもしない教育委員会はいらない　すぐに解散してください。僕は、死んだらうらみます。教育委員会は、どこもニュースでやっているとおり同じです。ウソをついて自分のためだけにやっています」などとあり、学校や教育委員会など、大人社会への絶望、強い怒りが読み取れます。子どもたちの置かれた立場をよく物語っていると感じます。

この手紙に対して、文科省があえて深夜に記者会見を開くなどの踏んばりを見せた点は評価できるでしょう。

この深夜の記者会見は、①大人たちが真剣に対応する姿勢を見せたことで、いじめられっ子全体への励ましのメッセージ性を発揮したこと、②地方教育行政に対しては、鈍重になっていたいじめ問題に対する「目覚し効果」や、「このように動くのだ」という、一つの「モデリング効果」を生んだこと、この二つの点で効果的であったと考えられます。皮肉なことかもしれませんが、きわめて官僚的体質に陥っている地方教育行政の姿勢を正すのには絶好のチャンスになったと考えられます。

もっとも、この深夜の記者会見という行動は、別の意味でも効果を発揮したのかもしれません。

その後、一二月四日までに四三通もの同様のいじめ自殺予告手紙が文科省宛に届いたために、記者会見で公表したことに対して、犯罪心理学関係者らからの「連鎖」に関する心配と批判が相次いだようです。しかし、心理学的には別の評価があっても、今日の教育行政の硬直しきった状況から総合的に判断すると、この公表はギリギリやむを得ない対応であり、その中での文科省の機敏さは、むしろ評価すべきでしょう。

ただし、地方教育行政をそこまで機能不全に陥らせてしまった文科省の責任はきわめて重大であることは言うまでもありません。

3　なぜ、いじめは深刻化するのか

隠蔽されるいじめ　これまで見てきたように、いじめはますます深刻化しています。深刻化する要因の一つとして、いじめが発生すると学校や教育委員会がこれを隠蔽《いんぺい》しようとすることがあげられます。

先述した北海道の小六の女児が七通もの遺書を残して自殺した事件(一九ページ参照)では、学校や市教育委員会がいじめの事実を認めようとせず、一年間も隠蔽していたのです。

市教委は「いじめとは認められない」と言い張りました。担当者は、遺書をあくまでも「手紙」と表現し続けました。人が死に臨《のぞ》んで書く手紙のことを世間一般では、遺書と呼ぶことは常識でしょう。この対応はあまりにも傲慢であると批判せざるを得ません。北海道教育委員会に至っては、遺書のコピーを紛失したというのですからたまりません。一体、子どもの命がけの訴えをなんと心得ているのでしょうか。

学校や道教委には全国から多くの抗議文が来ることとなり、文部科学大臣も怒りのコメントを出したことで、道教委もようやく事態の深刻さに気付いたのか、いじめを認め、その後、教育長や関係者は責任をとって全員辞職したようです。

福岡県筑前町の中二男子生徒のいじめ自殺事件は、さらに衝撃的です。なぜなら、元担任教師がいじめを誘発するような言動をとっていたことがその遠因であると、校長が記者会見で話したからです。元担任はまた、少年宅への家庭訪問の際に母親から相談された秘密にするべき内容を、あろうことか他の生徒の面前で、からかい半分に暴露《ばくろ》したともいうのです。

また、友人の落とした消しゴムを拾おうとしたその少年を「偽善者」呼ばわりしたり、イチゴの品種名で生徒を呼ぶなどという差別的対応をとったりしていたといいます(「筑前町立三輪中学校生徒自殺事案調査委員会報告書」二〇〇六年一二月二八日)。人権感覚や教師としての自覚、責任感を欠いた、信じがたいふるまいです。

なぜ学校は対処できないのか――成果主義(PDCAサイクル)の弊害

こうした対応をとる学校を非難することは簡単です。また、学校に問題があることも事実です。しかし解明すべきは、いま学校で何が起きているのか、さらに、なぜ学校が、このようなにわかには信じがたい状態に至ってしまったのか、その背景です。

それらの理由の一つとして、いま教育界をおおい尽くした感のある、数値目標を掲げ、競争原理を働かせて性急に結果を求める「成果主義」が及ぼす弊害《へいがい》があげられます。成果主義は、達成率という数値を基準にして競争を促進し、効率化を求める考え方です。競争するなかで各校のレベルアップがなされ、全体がボトムアップすると考えます。競い合う対象が物や商品なら、このような経済の論理が通用するかもしれません。しかし、教育の対象は、柔らかな心を持ち、多様な個性のある伸び盛りの子どもたちなのです。

確かに、数字ははっきりしており、何よりも分かりやすいでしょう。テストにおいて八〇点よりも九〇点の方が優れていることは、誰にでも理解できます。しかし、それを教育課程すべてに適用し、数値によって成果を把握した〝つもり〟になるのは危険でしょう。

たとえば、「いじめを三年間で半減」あるいは、「A大学に何人以上合格」「センター入試を何人以上受験」などという数値を掲げたとたんに目標の重点は、その数値の達成に置かれてしまいます。教師は数値ばかりを気にし、心を持った立体的でリアルな生徒の表情は見えなくなります。

また、受験対策のためならば、教育委員会に提出する教育課程の内容を偽造し、「虚偽のカリキュラム」を作成、必修科目を履修させずに入試科目にばかり重点を置き、生徒の入試実績を上げるという、効率を優先させるのです。表向きには、命の大切さや心の教育を何度もくり返し唱えながら、生徒一人ひとりの心の叫びを〝かけがえのない〟存在のものとしてとらえることは見落としていたのです。そして、ともすれば「心の教育」の大切さを訴えてきた当の教師や教育委員会自身が、子どもたちの心を死に追いやるほど傷つけ、子どもの自殺に直面しても、その命をかけた思いを正面から素直に受けとめることができていないのではないでしょうか。

いじめも学力も数値目標に　いじめ自殺者が一九九九年以来、七年間に一六人も出ている（もっとも、この数に関しても隠蔽の可能性はあります）にもかかわらず、文科省の報告ではゼロとなっています。「いじめゼロ」という目標も成果主義のなかで、いつの間にか形骸化《けいがいか》していきます。

いじめがゼロではない学校はダメな学校として評価されることとなり、学校側も教育委員会もいじめがあったことを必死になって隠そうとします。そして子どもが死ぬという悲劇そのものがなかったことになってしまうのです。ここにも成果主義の影響が見られます。

また成果主義と同時に、今日の学校教育においては「学力向上」が叫ばれています。いま、生徒の大学進学を目標とする普通高校の多くは、受験技術に長《た》けただけの高校生しか育てられなくなっているかのようです。小中学校の義務教育においても、高校以上に、機械的な「学力向上」達成一辺倒に追いやられています。夏休みや遠足などの学校行事は削減され続け、授業時間ばかりが増大しています。土曜日の補習まで実施され、毎日が宿題の山。数値目標化された「学力向上」が第一義的優先課題となっているのです。

その結果、生徒一人ひとりの、喜怒哀楽の息づかいや、自らの将来をデザインしながら生きる力を形成する「キャリア教育」などに、教師は目を向けようともしなくなっています。追求しているのは、いじめ半減、不登校ゼロなどの無機質な数値ばかりです。

しかし、教師は本来子どもとともに喜怒哀楽を共有することに喜びを感じるものです。子どもたちが人間性豊かに育っていくためにも、そうした関係は大切です。にもかかわらず、数値目標を掲げた成果主義のもとで、教師たちにはそうした時間など持てないのが実状です。精神的にも、数値目標達成に向けたストレスで押しつぶされています。その結果として、先述したような虚偽の「いじめ自殺ゼロ」を報告するにいたっているともいえます。これでは教育の本質を見誤ってはいないでしょうか。

文科省の調査では、教師たちの精神疾患の割合が二〇一二年度までの一〇年で約三倍にもなっていることが示されています(二〇一二年度は八六六〇人が病気で長期欠勤、うち精神疾患が原因の教師は五四〇七人)。教師も激しいストレスから心を病まざるを得ないようです。

学校がこのような状態では、まともにいじめ問題と向き合うことなど不可能でしょう。学校にゆとりを取り戻し、教師に人間らしい心を回復させなければ教師も子どもも疲弊《ひへい》するばかりで、いじめをめぐる事態も深刻化する一方です。

IT社会といじめ　先にも触れましたが、今日のいじめの「第三のピーク期」をここまで深刻化させた大きな要素として、IT社会の進展についても言及せざるを得ません。インターネット、とりわけケータイの普及が、事態をより一層深刻化させているのです。

その第一の理由は、前節で紹介した高校生に対するいじめの調査(一六ページ参照)からも推測できます。その調査では、ケータイメールの送受信の頻度といじめとの相関関係が暗示されているのです。一日に四一回以上の生徒は、五回以下の生徒に比べて男子で一・七倍、女子で一・四倍もいじめの加害者になる割合が高かったのです。インターネットに関しても、週一〇時間以上アクセスしている場合、一時間以内の一・三(男子)～一・九(女子)倍にもなっており、接触時間が長くなるほど、いじめをする頻度《ひんど》が高くなるとも受けとれます。紙数の関係でここでは取り上げませんが、インターネットと子どもの成長・発達との関係は、法政大学の私のゼミの学生による全国四〇〇〇人調査結果(二〇〇五年一二月)からも同様のことが推測できます(拙著『ウェブ汚染社会』講談社+α新書、二〇〇七年参照)。

高校生への調査を行った木原助教授(当時)は「人間的なつながりの薄さが、精神的不安定を引き起こし、いじめが生まれる」とコメントしています。確かにそうした見方も可能ですが、むしろ、いつでも、どこでも誰とでも「つながっている」ような状況だからこそ、いつでもいじめが可能になり、いじめを促進していると見ることもできます。

現在、高校生の九〇%以上が学校にケータイを持参しています。ケータイのメールは授業中でも昼食中でも、それこそトイレの中でも誰かと「つながっている」ことができます。逆にいえば、場所や時間に関係なく、誰かに不快な誹謗《ひぼう》・中傷のメールを送信することもできるのです。また、瞬時に多数のいじめメールを送信することも可能です。これでは被害者は、家や自分の部屋にいても、安心できません。

実際「IT社会のいじめ」ともいえるひどい事態も起きています。たとえば、二〇〇六年一一月一二日、大阪府富田林《とんだばやし》市で中一の女子がいじめを苦に自殺した事件では、上級生が「こいつを無視しよう」とメールを生徒たちの間で回していたことが確認されています。このように、いまやいじめに、メールやインターネットが関与している場合が少なくないのです。IT(特にケータイメール)も、「第三のピーク期」のいじめの大きな特徴といえるでしょう。

このような特徴を認識せずに、「逃げろ、逃げろ」などといじめられている被害者に呼びかけてもまったく意味がありません。逃げ場所などないのですから。逆にいじめられる方が、状況をまったく理解されていない寂しさを味わうだけかもしれません。自分の部屋に逃げても、あるいはどこか別の所に逃げたとしても、ケータイを持っている限り、「いじめメール」は送信され追いかけてくるのです。これは今日のいじめの新しい特徴なのです。

では、ケータイを手放せばいいではないかと考える人もいるでしょう。しかし、ITがこれほど浸透した現代社会において、ケータイを所持することは、人とのコミュニケーションを保障していることをも意味しているのです。思春期の子どもにとっては、ケータイを手放すことは、友人との関係をも「手放す」ことを意味しているのです。そうなってしまっては、思春期の孤独を生き抜くこともできません。

メールを使ったいじめは教師には直接見えません。したがって、対処することはもとより、発見すること自体難しいのです。隠されたまま事態が深刻化することにもなりかねません。従来からある対面によるいじめや、直接的な暴力によるいじめの方が発見しやすく、被害者の心の傷を深くする前に対処できるのではないでしょうか。

第2章　いじめを考える

1　いじめとは何か

いじめをどうとらえるか

二〇〇六年一〇月一九日付で、文科省は「いじめ問題への取組の徹底について(通知)」を出しました。この通知では、「事実を隠ぺいするような対応は許されない」「教員に生徒を傷つけたり、いじめを助長する言動があってはならない」と強調しています。

また「個々の行為がいじめに当たるか否かの判断は、表面的・形式的に行うことなく、いじめられた児童・生徒の立場に立って行うことに留意する必要がある」と一応書かれてはいます。

しかし、このようにそれこそ「表面的・形式的」にいじめの定義を行い、機械的な枠組みを提示したのでは、子どもたちの生の苦しみが見えなくなります。そもそも、これまでの文科省の定義からして、いじめの実態に即していなかったのです。では、私たちはいじめをどのようにとらえたらよいのでしょうか。

いじめは心と身体への暴力・精神的虐待行為

一番重要なポイントは、いじめは〝心と身体への暴力であり、精神的な苦痛を与える虐待行為〟であるということです(その点で「心理的・物理的な攻撃を受けたことにより、精神的な苦痛を感じているもの」とした二〇〇七年一月の文科省の定義変更は妥当でしょう）。すなわち重大な人権侵害にほかならないのです。歯止めがきかなければ、やがて犯罪行為につながりかねません。いじめる側は〝人権を侵害する加害者〟であり、いじめられる側は〝人権侵害の被害者〟にほかならないのです。まずこの点をしっかりと押さえる必要があります。

いじめの被害者が心に受ける傷は想像以上に深いのです。長い年月を経たとしても、完全に癒やされることはなかなか難しいのです。心の奥でいつまでも疼《うず》くことさえあるのです。また被害者のみならず、いじめをストップさせることができなかった傍観者も、無力感や自己嫌悪に長年にわたってとらわれてしまうことも珍しくないのです。

「いじめ」という言葉は、とかく子どもたちの間の〝悪ふざけ〟のような軽い印象を与えてしまいます。先に説明した「第一のピーク期」が陥った誤りはここにあります。いじめは心と身体への暴力であり、重大な人権侵害であると改めて重く受けとめる必要があるのです。人間が大切にされるはずの学校や地域社会において、早急に解決すべき重大な課題だと認識しなければなりません。

いじめる心理　では、それほどに深刻なダメージを与えるいじめの加害者になってしまうのはなぜでしょうか。「第三のピーク期」は、先述したように加害者と被害者の立場が流動的に入れ替わることが特徴の一つですから、今日の青年の発達特性における普遍的な問題として、いじめる心理をとらえるべきでしょう。

現代のいじめは、気分的でゲーム感覚であるとよく言われます。確かに、私が大学生に対して行った調査(一九九四年、法政大学「教育原理」受講生約二〇〇人対象)でも、加害経験者たちは次のように述懐しています。

・自分の弱さを、人をいじめて苦しむのをみることで、安心させている。
・うさばらしというか、パンチボールをパンッとしたようにスッキリする。
・学校生活がつまらなさすぎて、いじめぐらいしか面白いことがない。

このようにいじめの加害者の心理は、「ふざけ・ムカつき・イラつき・ストレスの発散」です。とりわけ「自分の弱さを、人をいじめて安心」するのは、第1章1でも述べたように、いじめられて苦しむ姿に、自己の「弱さ」や「苦悩」を発見、投影しているのです。すなわち、いじめられて苦しむ姿に自分の無自覚であった心の苦悩を重ね、いじめた相手に「自分と同じように苦しんでいる」という一種の共感を覚えて安心し、癒やされているのです。

いじめによって相手を自殺に追いやってしまったという深刻なケースでさえも、目的は金銭や暴力そのものというより、「弱い立場」におかれた者に向けられたこれらの心因性の攻撃が大半を占めています。かつてのように組織的にいじめを働くのとは異なり、今日ではより個別化、無規律化の傾向を強めながら蔓延しているのです。

いじめの加害者と被害者の立場の入れ替えが流動的である上に、現代のいじめにはケータイメールなどを駆使した、ゲームとしての「面白さ」まで潜んでいます。極論すれば、いつでもどこでも誰でも、大した理由などなしに、いじめの被害者にも加害者にもなりかねないのです。

ストレスという要因

「いじめは、人間として絶対許されない」(文科省「いじめ問題への取組の徹底について(通知)」)などというような、精神主義的な「圧力」を加えるかのようなメッセージを発しても、いじめを解決することにはつながりません。そもそもいじめが、何を原因として発生しているかを分析すると、道徳心や規範意識の欠如の問題に加えて、心的ストレスの発散として行われていることが多くの調査研究結果からもはっきりと証明されているからです。ストレスがたまっている子どもといじめの関係については、これまでも指摘されてきました。

たとえば、ストレスが「とてもたまっている子」では、「だれかをいじめたい」と思ったことが「よく」「時々」あると答えた子どもたちが、小学生の二四・三%、中学生の二九・九%です。これに対して「ストレスが全くない子」では、それぞれ一〇・九%、八・一%となっており、その落差は一三・四ポイント、二一・八ポイントとなっています(表2—1参照。福岡県内の小学校一四校、中学校八校、小五・六年生七一八二人、中一～三年生七六三人を対象に実施)。

表 2-1　ストレスといじめの相関関係

(%)

		だれかをいじめたい(よく，時々)	いじめた体験
ストレスがとてもたまっている子	小	24.3	32.4
	中	29.9	41.6
ストレスが全くない子	小	10.9	12.6
	中	8.1	16.6

秦政春「子供のストレスと非行・問題行動」1992年のデータより作成

また、深谷《ふかや》和子《かずこ》・前東京学芸大学教授は、いじめの原因を次の七つと見ています(『「いじめ世界」の子どもたち』金子書房、一九九六年)。

①絶えず評価され、ランクづけられていることによる精神的疲労。

表2-2　いじめた子どもの心理

（%）

	全体	小学校	中学校	高　校
1　気持ちがスカッとした	17.7	15.5	19.2	16.6
2　おもしろかった	15.3	5.4	19.2	24.5
3　いい気味だと思った	22.1	15.1	25.8	22.7
4　かわいそうだと思った	29.3	35.1	27.3	22.7
5　いつか仕返しをされるのではと少しこわくなった	10.7	18.0	7.5	5.5
6　先生や親に見つかって叱られるかもしれないと思った	14.3	16.9	14.5	5.5
7　後でいやな気分になった	41.3	44.4	42.2	26.4
8　何とも思わなかった	12.5	8.0	14.0	17.8
9　その他	9.8	11.3	9.0	9.8

文部省調査，1995年より

②自分が尊重されていないことからくる不満（自尊心の喪失）。
③遊びの機会が減少していることによるはけ口のなさ。
④人間関係にかかわるルールがあいまい。
⑤他人《ひと》に対する共感性の減少。
⑥発達段階の初期に繰り返される「けんかやいじわる」体験の不足。
⑦子ども集団の変質（集団の健康性と非行抑止力の低下）。

次にいじめを行った後、子どもたちがどのような心理に陥っているのかを詳しくみてみましょう。表2－2は、「いじめた子どもの心理」（文部省調査、一九九五年実施）です。この調査で重要な点は、第一に、全体では、四割強の四一・三％もが「後でいやな気分になった」と述べていることです。また「かわいそうだと思った」も、二番目に多い二九・三％に達しています。「気持ちがスカッとした」（一七・七％）、「おもしろかった」（一五・三％）などは、意外にも少ないのです。ストレスが発散されるのは、い

表 2-3　いじめとモラル意識

（%）

	いじめられた子	いじめた子	全体
万引きをする	82.7	65.4	82.3
学校でタバコをすう	79.8	55.8	76.7
バイクの無免許運転をする	79.8	51.9	71.4
家でタバコをすう	66.3	40.4	65.2
他人の自転車に黙って乗る	71.3	51.0	62.1
友だちの家で酒を飲む	58.7	30.8	53.0
他人のカサを黙って使う	58.7	46.2	51.8
家で酒を飲む	45.3	21.2	38.1

注：各項目について，「とても悪い」と回答した者の割合．「いじめられた子」「いじめた子」とは，それぞれの経験が「何度もある」と回答した者．東京，埼玉，神奈川の中学生約 2000 人を対象に調査．
ベネッセ教育研究所「「規範感覚」と「いじめ」」1996 年より

じめを行った際の一時的なもので、後々には否定的な気持ちに襲われることが少なくないということです。すなわち加害行為をする際の心理は、時間の経緯とともにかなり屈折していくことがわかります。これほど否定的な心理に陥りながらも、また新たなストレスが加わると、ついついいじめ行為をくり返してしまうのです。

第二に重視すべきは、それぞれの心理が高校になるにしたがって増加あるいは減少している点です。たとえば、「おもしろかった」は、小学生の五・四%、中学生の一九・二%に対して、高校ではいじめっ子の約四人に一人の二四・五%にも達しているのです。「何とも思わなかった」と鈍感さを表明するものは、小・中・高と八・〇%、一四・〇%、一七・八%と増えていきます。

反対に、「かわいそうだと思った」は、三五・一%（小）、二七・三%（中）、二二・七%（高）と高学年に上がるにつれて減少するのです。「後でいやな気分になった」という「正常な感覚」も高校生に向かうにしたがい、四四・四%（小）、四二・二%（中）、二六・四%（高）と減少していくのです。

すなわち、小学生から高校生に上がるにつれて、いじめの加害行為をする者の心理は、人間的にもきわめて貧しい状況におかれていることがわかります。

このことから、高校生にもなっていじめの加害者の位置にいることは、子どもの人格上やモラルにおいても心配であるといえます。第1章2で、高校においても、いじめが多発していることを「第三のピーク期」の特性の一つとしてあげました。そのことは現代の高校生の全体的なモラルの低下にもつながりかねません。前ページの表2―3は、いじめられた子といじめた子の日常生活レベルにおけるモラル意識を比較チェックしたものですが、当然加害者のモラルの方が低くなっています。

以上のことから結論を述べれば、子どもの成長や発達にとっても、いじめをする心理をいつまでも放置してはならないということです。いじめたくなる心境に陥らせない環境づくりや、自己肯定感を育成することが重要です。

2　いじめと家庭

なぜ、親には言えないのか　次にいじめの問題を家庭の側から見てみましょう。「いじめ自殺」に共通しているのは、いじめられていた子どもが、いじめを親に訴えていないことです。

たとえば、何度か触れている北海道滝川市の小六女児のケースでは、母親は「いじめに気づいてやれれば、転校するなどの選択肢もあった。せめてトラブルに気づいた先生から、連絡の一本さえあれば」と話しているといいます(『朝日新聞』二〇〇六年一〇月三日付)。

また、〇六年八月一七日に亡くなった、愛媛県今治《いまばり》市の中学一年男子（一二歳）の場合では、遺書の中で両親に対して「いつも空から家族を見守っています。さようなら。いままで育ててくれてありがとう」と綴っています。やはり、両親はいじめにまったく気づいていなかったのです。

福岡県筑前町の中学二年生男子のケースでも、両親には打ち明けていませんでした。四通の遺書のうち学校が配布した家庭への連絡プリントの裏には、次のような走り書きが残されていたとのことです。

「お母さんお父さんこんなだめ息子でごめん　今までありがとう。いじめられて、もういきていけない」

苦しい息づかいが、まるでそのまま伝わってくるようです。多くのいじめ自殺者は、なぜ親には何も言わずに自らの命を絶ってしまうのでしょうか。

「弱い子」であると親に心配かけたくない

親に言えない最大の理由は、遺書の中に端的に表現されています。その理由の第一は、「だめ息子・娘」だとがっかりさせたくないという親への思いやりからでしょう。つまり、いじめられっ子は「弱い子」だと考える社会の風潮が、子どもたちの心を縛《しば》ってしまっているのです。本来は、いじめの加害者を人権侵害を行った者として、その人間性の欠如や発達上の諸問題に着目し、解決しなければならないのです。いじめられる側にも、たとえば、はっきり意見を言わないとか、逆に言いすぎるとか、性格が暗いとか明るすぎるというように、何か問題があるのではないかと考える私たち日本社会の誤ったいじめ認識、つまり、子ども観、人間観が、いじめられる側に告白もできないほど大きな圧力となっているのではないでしょうか。このことは第1章1で述べた通りです。

しかし、どんなことでもいじめの口実にされうるのです。したがって、いじめられないための対応の仕方などもはや存在しないのです。にもかかわらず、社会全体がいじめる側ではなくて、被害者の側の奮起を促す現状は、いじめの事実、実態を見ない主観的、経験主義的な思い込みにとらわれている結果です。

つまりここでも、いじめの加害・被害の関係性を原則的に把握しきれていない私たち大人社会の人権感覚こそが問われているのです。その意味では、両親に告げることもできずに自分の命を断ってしまう悲劇は、大人社会における人間への愛や他者への思いやりの不足、個性・多様性を受け入れることのできない教育の体質などにも起因しているといえます。大人は一人ひとり、その責任を自覚すべきかも知れません。

子どもどうしの問題だから　親に言えない第二の理由には、いじめ問題は子ども間の問題であり、親が口を出してもどうこうできるものではないという、ある意味では大人から精神的に自立しようとする思春期特有の発達段階の影響が考えられます。小学生なら、とくに低・中学年においては、何でも両親に告白したり、相談したりできるのですが、思春期の高学年から中・高生ともなるとそうはいきません。精神的には自立しようともがき始めます。にもかかわらず、自立すべき対象である親に依存するかのように告白することは、子どものプライドが許さないのです。中学生たちが、親に頼るのではなくて、自分の力だけで解決しようと考えることは、むしろ当然なのです。

ですからいじめ問題は、発達段階の特性から考えると、小学校の高学年段階までには克服しておきたい課題なのです。いじめ問題を思春期まで引きずると、自殺など最悪の不幸な事態につながる危険性が増大するからです。

家庭における発見のポイント　では、家庭でわが子のいじめの被害を発見するにはどうすればよいのでしょうか。どこに発見のポイントがあるのでしょうか。

どの親でも、わが子がいじめに遭っていれば、なんとなくわかるものです。ただし、不幸な事件の後に、「気づかなかった」と後悔の念を語る親も多いのですが、それは何の変化にも気づかなかったという意味ではありません。食欲がなく元気もなくしていたことに気づいてはいたものの、まさかそれがいじめに起因しているとは思わなかったという意味なのです。十代の子どもが、外見的にも何の変化も見せずに、自らの命を断つなどということはまずあり得ません。それほど精神的に強くはないからです。

したがって、常日頃から次ページの表2―4に示した一七の項目に目配りをしていることが肝要です。

とくに①のケータイとの付き合い方に変化が生じていないか、気を配りましょう。先述したように今日のいじめは、ケータイメールを通して行われることが少なくありません。「死ね」とか

表 2-4 家庭でいじめを発見するチェックポイント

① ケータイのメールに対して無関心(電源を切っている、返信しない)。
② 「ただいま!」の声が低い。元気がない。
③ 服にクツの跡がついている。たずねると、ころんだ時、後ろの子がふんづけたなどとウソを言う。しかし、その目はキョロキョロ。自信がなさそう。
④ よく物をなくす。理由をきいても「わからない」と言う。ケシゴム、鉛筆、ティッシュなど小物・消耗品に始まり、次第に筆箱、下敷、上グツ、学用品など大きなもの、大切なものにエスカレート。
⑤ ノートや教科書に落書きされている。
⑥ カバンやサブバッグに引っかきキズ、ナイフで切られた跡がある。
⑦ お小遣いの減り方が早くなる。買ったものを見せなさいと言うと出せない。
⑧ 理科の実験で使用する電池とか、植物などを自分の分だけでなく、二、三人分準備し持参しようとする。
⑨ 朝、微熱、吐き気、だるさなどを訴えて登校をしぶる。とくに特定の曜日だとか月初めといった特徴がない。特徴がある時は、イヤな教科や行事など学校に問題がある場合である。
⑩ 家でイライラしている。
⑪ 夜、よく寝言でうなされたり、今まであまりなかった歯ぎしりをするなど安眠できていない。
⑫ 顔や背中、太モモに青アザがある。女子だと手の甲などに引っかきキズがある。
⑬ 体にマジックなどでイタズラ書きされたり、女の子は髪を切られていたりする。
⑭ カバンや上ばき入れの中にゴミなどが入っている。
⑮ カバンの中に「死ね!」「バカ!」「学校に来るんじゃねェ!」などの手紙、メモが入っている。
⑯ やたらと寝汗をかくようになる。
⑰ どうも最近食欲も元気もなくなった。

「うざい」「キモイ」などという言葉も、いじめっ子たちに面と向かって言われるのであれば、相手の表情やイントネーション、その場の空気などによって、どの程度ふざけているのか、あるいは誰かに言わされているのか、周囲に同調しているだけなのかなど、読み取ることができます。ところが、これがメールで送信されてくると、画面に「うざい」「死ね」「キモイ」と無機質な文字が浮かび上がるだけですからたまりません。何十回、何百回と、連日押し寄せてくることもあるのですから。

先の一覧のチェック項目のうち、わが子に三～五項目が当てはまり、特に①のようにケータイを避けているようなら、いじめを受けていると考えられます。なお、わが子がいじめにあっていると判明したときにどうすべきかは、第3章2で論じます。

3　なぜ、学校はいじめを止められないのか

いじめと日本の教育体制

学校はなぜいじめの防止や解決にここまで鈍感なのでしょうか。その答えは、学校そのもの――とりわけ日本の学校における教育目標や教育方法、教育評価など学校文化のすべて――が構造的にいじめそのものと、近い関係にあるからだといえます。

第一に、日本の学校は密室性・閉鎖性が強く、いじめが発生しやすい条件が整っています。いじめは、基本的に固定した密室空間の中の固定された人間関係の中で発生するからです。子どものいじめの七割以上が教室で発生していることからもそのことは納得できます。教室とはちがって、行きずりの街中やラッシュ時の通学電車の中などでは、いじめは発生しないものです。なぜ

なら非日常性と流動性が高く、いじめという力学は作用しようがないからです。逆の見方をすれば、偏見によって社会的な閉鎖性が強くなれば、固定した差別の力学のなかで、性や民族などに関する歴史的・社会的ないじめは発生しやすくなります。したがって、人権感覚にすぐれ、高い理念を掲げた開放性の強い社会では、いじめを行うことは難しいのです。

第二に、日本の学校のもつ、集団主義を大切にするという特徴も、いじめが発生しやすい要因としてあげられます。集団行動では、必ずといってよいほど、そこからついていけない子や落ちこぼれる子どもが出てきます。「鈍い子」「遅い子」「足並みを乱す子」というレッテルがはられ、「落ちこぼれ」「ノロマ」などと差別的に呼ばれる子を生みやすいのです。

集団を乱す者に対しては、当然、教師や学級の仲間の評価は低くなります。しかも、そこに競争原理が働けば、皆に「公認」された相対的な弱者(弱いグループ)が生まれます。その子に厳しい批判があびせられても、集団性を高めるためには「当然」であり、「仕方がない」という空気が生まれます。それが、学力向上や生活習慣・規律の確立のための有効な手段や方法として、日本的な学校文化を形成しているのです。この手法は、常に他者と比較して差異化することによって、個人やグループ(学級)が前進するためのエネルギーを得ようとする競争主義原理に陥りやすいのです。すなわち、競争や差異化そのものが目的化してしまうのです。そのために、必然的にいじめに発展しかねない危険をはらんでいるのです。

第三には、学校の協力・共同関係を重視する教育観や、それに基づいて実践される際の問題点があります。これも先述した集団性と似ているのですが、「わが道を行く」的な個性派、独立独歩派にとっては、学校には心安らぐ時間も居場所もありません。むろん教育実践における協力性、共同性が人格形成に及ぼす重要性は、誰もが認める大切な価値ではあります。それだけに、それを前面に掲げて徹底すれば、こうした子どもたちは逃げ場を失いかねません。個性派や自己主張の力を有している者は「変わり者」「ジコチュー」(自己中心的)「ワガママ」などとラベリングされかねません。ここにもまた、いじめが発生しやすい背景があるのです。

第四には、第1章3で述べたように成果主義が浸透した今日の学校の現状があります。学級・学年・学校の「目標」を重視し、その達成のための教育実践が行われ、学校はそのためにこそ存在するのだと錯覚されているほどです。ここでも、目標実現の足を引っ張るものは、当然蔑視《べっし》されます。

また、目標達成のために、協力・共同を促され、先述したように集団で行動をとることも多くなります。たとえば、「遅刻ゼロの達成」という「目標」が掲げられると、まずは、各学級・班ごとにその達成を目指します。ここで競争原理が作用します。競争には必ず順位がつき、トップがあればビリも生まれます。ビリの中には、必ずその要因をつくった特定のメンバーが存在します。ビリからの脱出のためには、遅刻しがちなそのA君をケータイで朝早くから起こしたり、誰かが迎えに行ったりする「活動」が、真面目に取り組まれることになります。集団の「善なる目標」達成のためには、個人生活や個別事情などにかまっている余裕はないのです。下手をすれば個人のプライバシーを侵害し、個人の尊厳さえもつぶしかねません。しかし、「子どもの成長」のためにといった美名の下では、個人の事情など顧慮《こりょ》されません。

このような学校文化と価値観の下に、小学校から高校まで一本で貫かれているのが今日の日本の学校文化です。すなわち、いじめが発生しやすい土壌ができているのです。

また、こうした問題のほかにも、近年の特徴として、学校現場が「カウンセラー依存」に陥っているという問題にも触れておく必要があるでしょう。何か事件が起きると、教育委員会などが、すぐに教育現場にカウンセラーを派遣させる傾向が、ここ数年で目立ってきています。いじめ問題に関しても、東北のある県では「「いじめ根絶チーム」を全校に配し、事態が深刻になった場合はスクールカウンセラーを派遣」との取り決めをしています。もちろん、全国のすべての中学校にカウンセラーを配置する(二〇〇五年度完了)などの政策は歓迎すべきですが、その一方で、カウンセラーが万能であるかのようにとらえ、あらゆる問題の解決をカウンセラーに任せればよいという姿勢は間違いです。深刻な事件が起きた学校において、カウンセラーを生活指導のリーダーのように扱い、実際には問題の解決が何ら進展していない場合も多いのです。これでは、カウンセラーを疲弊させ、教師に対する子どもたちの信頼を形成することもできません。学校運営の主体は現場の教師であり、カウンセラーはあくまでもサポーターにすぎないという認識を忘れてはなりません。

指導がいじめに転化するとき

たとえ熱心で力があったとしても、教師の「指導」そのものが、うっかりするとそのまま「教師によるいじめ」につながりかねない本質を有しているということも認識しておくべきでしょう。たとえば、先述した福岡県筑前町の例(一五ページ参照)でも、担任教師が自殺した生徒を「偽善者」などと呼んだと、第三者機関による調査報告書に記されています。嘘やいつわりのない素直な少年に育って欲しいという願いが、生徒を「偽善者」呼ばわりするという「歪《ゆが》んだ指導」を生む結果になることも十分に考えられます。学校や教室は、いかにベテラン教師の指導であっても、指導がいじめに転化する危険性が常に潜んでいる空間なのです。先生の「指導」を見ていたクラスの友達がその子を成長させよう、弱点や問題点を直してあげようと「善意」からの「支援活動」を行うことが、いつしか当事者の心を無視したいじめに発展しかねないのです。

この子どもへの「指導が生むいじめ」に対しては、どれだけ警戒してもしすぎるということはありません。これは、日本の学校固有の弱点といえるのです。細心の注意を払い、自戒すべきでしょう。

加害者指導の欠如　学校がいじめ防止や解決に成功できない理由は、これまで述べてきた日本の教育システムや指導のあり方の問題だけではありません。加害者を正しく指導するという視点が欠如している点も大きいのです。

くり返しますが、いじめは人権を侵害する許されない虐待行為です。被害者にとっては、人格を否定され、居場所を失うことにほかなりません。したがって、そのような行為が平気で行える加害者こそ、人間性のどこかが歪んでいると考えるべきでしょう。そのまま成人すれば、モラル面において大きな欠点を抱えた人格形成がなされるでしょう。仮に本人が大人になって自らの加害行為が持つ問題に気づいたとしても手遅れです。罪の意識を生涯にわたって背負い続け、たとえば、かつていじめた相手に会うのではとドキドキしたり、隠れたりと、自らに対して卑屈にならざるを得ません。これまでの長年の調査や教育相談活動を通して、私はそういう加害者の経験を少なからず見聞きしてきました。もっとも、そうした自らの加害性に気づけば、まだ救いがあります。自らの加害性に気づかず、反省することもない人間は、大人になってからも日常の人間関係において、どこか問題を抱えていることでしょう。

それにしても、なぜ日本の場合、加害者への指導という点を欠落させ、ともすると責任を被害者へ転嫁させてしまうのでしょうか。それには二つの要素があるように思います。

第一には、この節で述べた、日本の学校文化、教師の指導性そのものがいじめを生む素地や要因の一つになっていることと関係しています。いじめの加害者は、第1章2で述べたように、かつてのようなわかりやすい非行少年や問題児といった子どもではなく、教師から信頼の厚い学級のリーダーであることも多いからです。教師にとって、もっとも身近で頼りにしているリーダーが、教師のきめ細かな指導なしで「リーダー性」だけを発揮すれば、集団になじめない子、ついていけない子を押しつぶしてしまうことにもなってしまうのです。こうした学級における構造もいじめを発生しやすくします。

第二に、第一の点とも関係しますが、いじめを行っている加害者の特徴からも、その要因がうかがえます。すでに述べたように、いじめの被害者と加害者の立場が容易に入れ替わることを特徴とする今日のいじめでは、「いじめっ子」という特化され、固定化された人格や人間性は、あまり存在しません。したがって、ここで集約している「いじめの加害者像」とは、いじめを行っている時期にどのような性向や対人関係を持っているか、という意味での特徴です。その特徴は図２−１の通りです。

つまり、「わがまま・自分がない・むかつき屋・かっこつけ」などを、学校的価値観から見ればマイナスの評価項目であるとするならば、その他半分の項目は、必ずしもマイナスの行動特性とはいえません。むしろ積極的な「リーダー」であり、「明るい」「目立つ」「先生や上級生のうけがよい」〝人気者〟です。何ごとにも「積極派」なのですが、どこか「無責任」という傾向も備えています。すでに述べたように、学校が持つ集団主義や目標達成主義など日本固有の教育実践スタイルを考えると、いわゆる問題児のいじめ加害者だけでなく、このような現代的な「リーダーとしてのいじめっ子」（いじめの中心人物）をどう指導するのかは、とても困難な課題です。

このように、加害者の指導には困難がともなう側面もあり、ともすると被害者に責任転嫁してしまう状態に陥ってしまいます。そう

図２−１　いじめをする時期の加害者イメージ

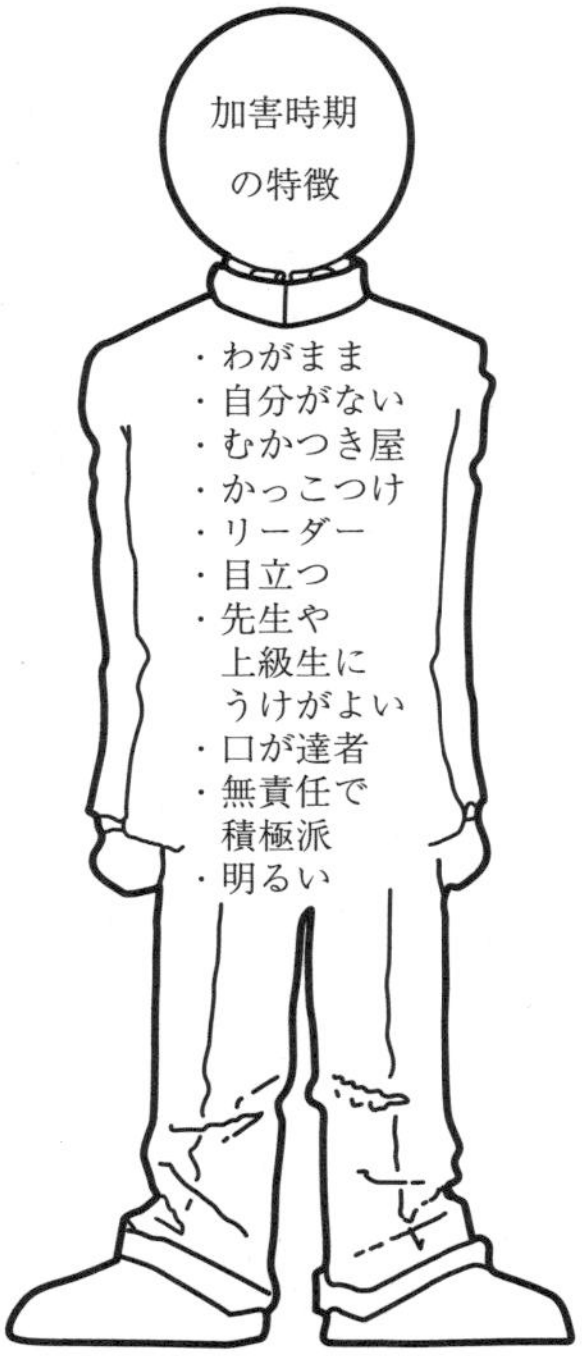

尾木直樹『いじめっ子』学陽書房，1996 年をもとに作成

した危険性を認識しつつ、「いじめる方が悪い」という原則をいまいちどしっかりと自覚することがより重要となります。そして、いじめの加害者にとっても、いじめは自分にとって大きな「負」を抱えることだと認識させることが必要でしょう。どの子もいじめという人権侵害をしない豊かな人格をそなえた大人に成長させなければなりません。このことは、一人ひとりの子どもたちの発達課題であるとともに、「人格の完成」という〝教育の目的〟でもあるはずです。「人として許されない」(文科省)などと声高《こわだか》に難じるよりも、いじめ行為は二一世紀を生きる豊かな人格として自分をも傷つける恥ずかしい行為なのだという高い視点からいさめる方が効果的です。いじめ行為は、固定化された「人柄」の問題というよりは、いつでも誰でもが被害者にも加害者にもなり得る、誰もが向き合うべき課題なのです。したがって、「人権尊重」や「人としての尊厳」を大切にいつくしむ教育実践の大目的であると、普遍的な課題としてとらえるべきでしょう。

だからこそ、どんなに弱点や問題を抱えている子どもに対しても、そのことに対するイラつきやムカつき、あるいは「成長援助」などという名のもとに「いじめ」という卑劣な行動様式につながるようなやり方で子どもに迫ってはならないのです。どのような性質の弱点に対しても、その人の立場に自分を置き換えて、むしろその苦悩をイメージし、それを和らげてあげられるように対処すべきでしょう。そうした認識こそがまず必要なのです。そういう多様性への寛容さや他者への想像力は、今日のグローバル化社会を生きるためには、むしろ不可欠な力であり感性といえます。

いじめのある教室とない教室

いじめのある学級とない学級、あるいは克服した学級とでは、外見上もまったく違っています。一〇項目に関して比較表に作成したものが次ページの表2―5です。このチェックリストで学級を点検してみると、いじめの有無をある程度判定できます。「いじめのある学級」の特徴のうち三つ以上が当てはまれば、まずいじめが発生していると考えられます。

つまり、学級崩壊クラスでは、いじめが発生する確率が高いといえます。とりわけ、小学校高学年の学級崩壊は、ほとんどのケースは、クラス全体で担任を攻撃する〝担任いじめ〟としての現象を呈しています。この場合には、担任の力だけで脱出することは、いじめられっ子が自ら脱出しにくいのと同様にほぼ不可能です。時には担任替え、あるいは全校職員の協力による授業や学級会などへの支援や父母のバックアップなど、大胆な対策が求められます。この表の各項目を一つひとつ、教師は自分の学級、親はわが子のクラス、あるいは思い当たるかつてのクラスなどと比較してみてください。問題点が見つかれば、「いじめのない学級」のスタイルをイメージして、先生と保護者と子どもたちで共同して取り組んでください。

表 2-5 「いじめのない学級」と「いじめのある学級」

	いじめのない学級	いじめのある学級
①	学級目標が行動目標などに具体化され、高い理念をかかげた生活ぶり。	形だけの目標が掲げてあるだけ。マンネリ化。だれも意識していない。
②	リーダーのポジションに誰が立っても、学級全体が心を向けて応援する。	気が強く、声の大きい者でないとリーダーが務まらない。一部の生徒が牛耳っている。
③	朝の会・帰りの会が、内容も豊かに生き生きと自主運営されている。	朝の会・帰りの会は先生の伝達だけ。「静かにして下さい」と司会が連発している。
④	どんなことでも、議題化され、本音で議論・討論ができるシステムとムードがある。	まず話し合いが下手。マニュアルもない。討論しながら結論へ高まることができない。
⑤	新聞・文庫・小動物の飼育・誕生会・レクリエーション・歌声など文化活動が盛んで独創的に次々と生み出される。	学級新聞は三号でストップ。学級文庫も散乱。レクの企画提案があっても白けていてだれも乗ってこない。
⑥	ちょっとしたことにもドッと教室いっぱいに笑い声がよく起こる。	あまり笑顔がない。暗くて授業もやりにくい。
⑦	どの子も心をこめてよく清掃活動にいそしむ。いつも教室がピカピカ。	黒板が汚れている。床にはゴミ。机も整頓できていない。何となく汚い。
⑧	学習係・クラスの係などがそれぞれによく活動していて他の先生からもホメられる。	係がサボろうとする。機能していなくて、他の先生の注意をうける。
⑨	ゴミ箱のゴミは毎日捨てられている。	ゴミ箱がゴミがいっぱい押し込まれたまま、あふれている。気にしない。
⑩	担任とのコミュニケーションがあり、信頼があつい。よく職員室へクラスの子が遊びにくる。生活ノートや学級通信でも両者が結ばれている。	用事以外は、めったに職員室の担任のところには来ない。学級通信もなく、面談や声かけなどもない。

第3章　いじめをどう克服するか

1　本当に必要な「教育改革」とは

隠蔽体質と「教育改革」　前章までで、今日の「第三のピーク期」のいじめの特徴を考察し、いじめが深刻化する背景や要因などを検証してきました。では、私たちは、今日のいじめ問題をどのように克服すべきでしょうか。

現在、いじめ問題への対応なども一つのきっかけとなって、「教育改革」という名の様々な変化が教育現場に訪れています。それがはたして正しい方向に向かっているのか、そのことを考える必要があるでしょう。それを考察したうえで、本当に必要な「改革」とは何かを考えたいと思います。

すでに第1章3で述べたように、今日のいじめが深刻化する背景の大きな要因に教育関係者の「隠蔽体質」があります。これは、一人ひとりの教員レベルにとどまらず、教頭(副校長)や校長といった学校関係者、市区町村教育委員会ばかりか、都道府県の教育委員会に至るまで、この「隠蔽体質」で貫かれている点も注目すべきでしょう。

このような特徴は、「第一・第二のピーク期」にはあまり見られなかった現象です。第1章2で取り上げた文部科学大臣に宛てたいじめ自殺予告の手紙にも、この隠蔽体質に関して、担任教員も教育委員会もいかに信用できないかが切々と綴られていました。問題は、教育関係者がなぜこのような体質になるに至ったのかという点です。

この理由には、二つ考えられます。

一つめは、これまでも述べてきた通り、いじめの定義が①弱い者に対して一方的に、②身体的・心理的な攻撃を継続的に加え、③相手が深刻な苦痛を感じている、などという要素に加え、④学校が「確認」したもの、という条件をつけていた時期(一九八五〜九三年)の名残が、いまだに現場での判断を鈍化させていることです。意図的というよりも、結果としていじめを確認できずに隠蔽につながってしまう構造なのです。

青森県の五所川原《ごしょがわら》市では、これまでの文科省の定義にあった「攻撃」や「深刻な苦痛」などの部分を緩《ゆる》め、いじめにつながる行為も「いじめ」ととらえてカウントしなおしたところ、同省の定義では二五件だったものが、六八件と三倍近くに跳ね上がったといいます。

同様に東京都江東区では「一回でもいじめを受けた」と相談を受けた場合もいじめと認定しなおしたところ、二〇〇六年四月から一一月の間だけでも一五四件に達し、前年度文科省に報告した二二件をすでに七倍も上回っています。滋賀県教育委員会では、「(いじめの疑いもある)グレーゾーンも含めた実態」を調査したところ、公立小中高あわせて一二〇七件と、前年度の二五件の五〇倍近くにも達したといいます。高松市でも「継続的」という条件をはずしてカウントしたところ、二〇〇六年四月から一一月だけで前年度の一〇一件から三四六件に跳ね上がっています。

いまやこれまでの文科省の定義から離れて、全国で四〇もの教育委員会が独自の基準でいじめを幅広く認定し、子どもの実態に迫ろうとしています。ようやく文科省の方ではなくて、目の前の子どもたちの方を向き始めたといえるのかもしれません。

二つめは、昨今の「教育改革」の流れが隠蔽を構造的に生む結果となっていることです。最近の「教育改革」は、中央による現場の厳しい管理主義、そしてこれまで述べてきた成果主義をベースに進められています。したがって、一人ひとりの教員はいじめを認めると人事考課制度で自分の評価が下がるために、なるべく認めたくない心理に陥ってしまいます。校長は、教育委員会からの自分への評価が気になる上に、学校選択制が進められている現在の状況下では、いじめが目立っては保護者から自分の学校が選んでもらえなくなる心配もあるので、なるべくいじめの件数を少なく報告し、隠そうとします。都道府県や市区町村の教育委員会においては、文部科学大臣の諮問機関である中央教育審議会が二〇〇三年に「いじめ・不登校を五年間で半減」させるという数値目標を掲げた以上、それに見合う数値で報告をしなければと考え、つじつま合わせをしてしまうのです。一九九九年から二〇〇六年に至るまで、自殺者がいじめを訴える遺書を残してもいじめ自殺「ゼロ」を更新し続けたのもその流れの一環です。

現代の「教育改革」はいじめを助長

こうした「いじめ隠し」の指摘を受けて、文科省もこの七年間いじめを「ゼロ」としていた統計を見直し、三七件のケースについて再調査する方針を固めました(二〇〇六年一一月九日)。省庁がいったん確定した統計数値を修正するのは極めて異例です。しかも再調査の結果、一二件でいじめが確認され、自殺の主な原因と認定したケースは二件と訂正されました(二〇〇七年一月一八日)。むろん、この認定そのものもまだまだあやふやです。

成果主義をベースにした「教育改革」は、文科省主導ではなく政府の規制改革会議や財政諮問会議からの政治的圧力がその背景にあります。現代の「教育の構造改革」の発想や手法は、これまでの「教育改革」とは質が異なっているのです。

たとえば、企業社会で用いられているような人事考課制度の導入によって、一人ひとりの教員の処遇に影響を与えたり、これまでの教育制度を単純に時代に合わない「規制」ととらえて何でも撤廃を試み、小中一貫制や中高一貫制を学校選択制の下で実施し、実質的な義務教育の多様化、複線化に踏み込んだりしています。これまでの文科省(あるいは文部省)主導の「教育改革」にはなかった、まったく新しい発想と手法・形式をとっているのです。そのために、これまでの日本の教育に漠然と不満を感じていた人には、いかにも新鮮に映るのかもしれません。諸手《もろて》を挙げて賛成する人もいます。

しかし、こうした「教育改革」が本当に、これまでの教育が抱えていた問題を的確に抽出し、その上で認められた問題点を克服するという過程で進められてきたのでしょうか。第1章3で述べたように、いじめに関しても、現代の「教育改革」が隠蔽体質を構造的に生む結果となっているのです。これまでの問題がどこにあったのかを丁寧に分析もせずに「改革しなければならない」という前のめりの「改革主義」的な気分だけで進められるとしたら、それは本当の意味での「改革」ではなく、むしろ弊害の方がきわめて心配です。

たとえば、二〇〇六年一〇月に安倍内閣によって設置された教育再生会議は、いじめ問題の深刻化を受けて「いじめ問題への緊急提言――教育関係者、国民に向けて」という提言を同年一一月に発表しましたが、そこにも同様の懸念を覚えます。この提言では、「問題を起こす子どもに対して、指導、懲戒の基準を明確にし、毅然とした対応をとる」として、「社会奉仕」などをその対応の例としてあげたり(最終的には見送られたが「出席停止」処分も検討されていた)、「いじめに関わったり、いじめを放置・助長した教員」には「懲戒処分を適用する」、あるいは保護者に対しても「ほめる、励ます、叱るなど、親としての責任を果たす」などと迫っています。このように、総じて、子どもや教師、保護者を上から見下ろしたような「圧力による指導」ばかりが目につきます。本書で述べてきたような、成果主義のもとに精神的にも時間的にもゆとりが奪われている教育現場の実態を詳細に分析していれば、このような、さらに教育現場にストレスを課すような提言にはならなかったはずです。

今日の教育現場が抱えている問題点をみるにつけ、現在行われている「競争と破壊の〝教育再生〟」から思い切って「共同と創造の教育改革」へと一八〇度の路線転換をはかる必要があることを痛感せずにはいられません。

教育行政の民主化こそ急務　いま真に求められる教育改革とは、教育行政の民主化をどう進展させるのかということでしょう。

今回のいじめ隠しを検証するまでもなく、いま、教育行政に対する国民の不信は増大の一途をたどっています。形骸化した教育委員会を「お飾り教育委員」とか「入学式と卒業式のお祝い係」などと揶揄《やゆ》する声まで耳にするほどです。そもそも教育委員会は一九四八年の制度発足当初は、委員は住民の直接選挙で選出されており、憲法と教育基本法の精神の実現と教育に対する地域住民の自治に、大きな力を発揮していたのです。ところが、一九五六年に「地方教育行政法」が新たに成立し、議会の承認を得て首長により任命される体制に変質させられたのです。東京都中野区で導入されていた教育委員会の準公選制が廃止されたのを最後に、現在では住民参加による選出は存在していません。住民自治、国民の教育権の視点からすると大きな後退と言えます。

教育委員会の合併や制度そのものの廃止論も浮上しています。いずれにしても、いじめに限らず、何か問題が起きると隠蔽しようとする閉鎖的な体質を転換させ、いかに住民の自治の充実と国民の教育権が保障できるシステムに改善するのかが問われているのです。風通しをよくし、子どもや親の素朴な願いが教育現場に反映され、実現される方向で機能強化できる道を模索すべきでしょう。

2　学校・家庭にできること

学校におけるいじめ解決のプログラム——大きな理想を掲げて

「いじめは、なくならない、人間の本能でもある」などとよく語られます。しかし、いじめの解決と克服は、学校にとって、実現可能な取り組みです。

不可能に思えるのは、発生そのものを完全にゼロに封じ込めようとしたり、対症療法的な発想をとったりするからです。そのような対症療法的なアプローチの方法ではなくて、次の三つの観点を学校づくりの実践に掲げることです。つまり、〝子どもたちの人権の尊重〟と〝子どもや教師・親への愛情〟と〝人間の歴史と社会は進歩するということに関して、ロマンを感じられる授業や文化活動〟という三つの観点です。こうした観点を備えた学校をどう創ればいいのかということを誠実に、実践的に追求する中でこそ、いじめが克服できる基盤が固まり、具体的な展望やいじめをしない感性の豊かな教育、子育てが実現可能になるのです。

学校は単に、子どもたちに知識を詰め込み、学力を向上させるだけの場所ではないはずです。子どもたちどうしが生活を共にすることで、個人を尊重する人権意識や社会性を身につける場所であり、また、大人としての教師の態度を通して人間に対する愛情、信頼を養う場でもあるのです。さらに、子どもたちが学ぶ学習内容についても、たとえば算数の数式を覚えるだけではなく、それを発明した人類の英知・進歩ということに、大きなロマンを感じることが大切なのです。このように、学校は、総合的に子どもの成長を助ける場所であり、そうした観点が、教育理念に生かされなければなりません。目先だけの「いじめ撲滅《ぼくめつ》運動」のような発想では、いかに厳しい口調で「社会総がかり」(教育再生会議「いじめ問題への緊急提言」)で取り組むように訴えても、現実からかけ離れている上に、実現の科学的・系統的な根拠がなければ、いじめ解決への出口は見つかりません。

いま、私たちに必要な学校づくりや、教育実践にとって大切なことは、人間の尊厳と人間への愛情とこれまでの人類、社会の歴史、進歩へのロマンといった教育理念を体現することなのです。これらの理念の柱は、いじめが有する陰湿な本質とは正反対です。ですから、いじめを解決するために、これらを体現することが重要なのです。それらの実践は、次の三本の柱を立てながら進めます。一つめは、受容と寛容です。二つめは子どもが参画する学校づくり。三つめは体罰や尊厳を傷つけるペナルティの厳禁です。

以下、詳細に学校づくりの理念編から説明しましょう。

受容と寛容の大切さ　子どもは「失敗の天才」です。同じミスを何回もくり返します。しかし、そのことを克服するためには、本人自身の気づきや目覚め、あるいは改善への意欲を喚起することが肝要であって、決して脅しやペナルティ、あるいは子どもだましのような操作主義的手法をとるべきではありません。ミスや欠点も含めて「丸ごと」受容する寛容な教師側の対応と構えや、子どもの成長に伴走する者として力強い息づかいが、子どもに安心感を与えるのです。子どもたちにも元気や自己変革のパワーが生まれるのです。

そして、そのような教師が生み出す雰囲気は、学校から規律を喪失させるのではなく、子どもどうしの中にも、認め合いと許し合いのムードを醸成《じょうせい》していきます。もちろん、子どもたちが教師に対しても、寛容の精神で応じてくれることは言うまでもありません。

子どもの失敗への寛容さは、「甘さ」でも「見逃す」ことでもありません。子どもが、失敗をくり返すことや人間的弱さを露呈することへの共感と、それを乗り越えようとする子どもの成長・発達への信頼感の問題です。失敗や問題行動を〝追認〟してしまうことと、理解して〝受容〟することとでは、その意味合いはまるで異なっているのです。

これは、決して理想でも夢物語でもありません。ただ実践に移すには校長をリーダーとした全教職員の合意形成が必要なために多くの学校では、入り口で行き詰まってしまうケースがほとんどです。しかし、先の理念や、子ども観を見すえつつも、身近で小さな実践を積み重ねる中で、全教職員が自信を持って、父母の間でも支持・協力、共同が広がるように腰をすえて取り組むことが大切です。

子ども参加の学校づくり　学校の主人公に子どもをすえるという課題は、二一世紀の学校づくりを展望したとき、国際的動向や歴史的な流れ、子どもの権利条約(日本は一九九四年四月批准、五月発効)の精神から考えても当然の観点といえます。

子どもが主役の学校になってこそ、授業や行事などの学校生活も生き生きと活性化し、子どもたち自身のものになっていくことでしょう。

そのキーワードは、〝子ども参加〟です。〝参加〟という言葉は、意味や概念が多様で、「遠足に参加する」など、意味としては「参集」というレベルでも使われたりします。しかし、ここでは「参集」の意味ではなく、当然の「権利」(自己決定権の保障)としての企画・計画、実行・実践を行わせることであり、その反省・総括にも、教師や親と対等な関係から、子どもたちも「参画」し挑戦することが必要です。

それが実現できた時に初めて、子どもたちは責任を持って、学校の授業、行事、生活の担い手としてたくましく育つ姿を私たちにも見せてくれることでしょう。

このように、子どもたちを学級・学校づくりの主役として認め、〝子ども参加〟を進めるという方向性は、子どもに一方的に「規律」を要求したり、「授業時数確保」に血道を上げて「学習意欲」を喚起させようとしたりする発想や方法とは、あまりにもかけ離れています。

体罰や心を傷つけるペナルティの厳禁

体罰といじめの発生の相関関係について見てみましょう。

「体罰をうけた経験がある」小学五・六年生で、「いじめ」「仲間はずれ」「下級生いじめ」などをしたことがある者は五三・三％にもなります。これに対して「経験のない」者は、二二・三％と少ない（秦政春《はたまさはる》教授による調査。『福岡教育大学紀要』第三七号、一九八八年）ことからも、体罰といじめの発生に相関関係があることがうかがえます。体罰の経験は、被害者の心に屈辱感やストレスを与えるために、長期的にみるといじめに手を出してしまう土壌を形成してしまうのです。

体罰派の教師がニラミを効かせているからA中学校は落ち着いているんだ、などという話をよく耳にします。しかし、これはとんでもない錯覚です。それは恐怖からくる一時的な状態にすぎません。このような抑圧や恐怖による子ども支配は、人間の教育というよりも、動物における〝調教〟と同様です。何らかの事情によってそれが通用しなくなった時の、生徒のひどい荒れ様は、よく耳にするところです。

ペナルティは、その発想や行使の仕方によっては、人間としての尊厳を傷つけ、体罰以上に子どもに対する虐待の性質を帯びます。それらの憎悪の感情が身近なクラスメイトなどにいじめとして噴出していくことも珍しくありません。ですから、たとえば「毎日、校長先生と二〇分間、話をする」とか「担任の先生の手伝いを一週間する」など、教師の身近に置き、きめ細かく温かな指導、支援ができるような柔軟な配慮が必要なのです。

体罰や心を傷つけるペナルティは絶対に行わない――このような原則的合意は、いま、とても重要だと思います。なぜなら、教育再生会議における体罰規定見直し議論の動向や文科省による「ゼロ・トレランス」(寛容さゼロの指導)の導入(二〇〇六年四月発表)など体罰容認論に代表されるような機械的管理主義や児童・生徒指導の厳罰化への依存ムードが高まっているからです。こうした流れの中だからこそ、本当の日本の「教育再生」のために、体罰と心を傷つけるペナルティは厳に慎むべきであり、子どもたちの人権を守ることは、教育公務員として最低限果たすべき責務であるといえましょう。

直接的アプローチのポイント――生徒の活動をどう育てるか　学校づくりの理念について見てきたところで次に、学校におけるいじめ防止の実践の全体像を見てみましょう。

それをまとめたのが図A「学校におけるいじめ防止実践プログラムの全体像」(表紙裏参照)です。この図にあるように三つの領域から、二通りのアプローチができます。

第一には、間接的アプローチと直接的アプローチに分別して、意識的・計画的にそれぞれの項目を追求することです。もう一つは、図にあるように、先述の「人権・愛・ロマン」の教育理念の下に、学校での対応、学級での対応、個人への対応と三つの段階ごとに分けてとらえ、実践することです。図Aの直接的アプローチにおいて、最も重要な視点は、いかに子どもたち自身の力で①いじめが発生しない学級・学校づくりをするのか、②発生したとしても、自分たちの力でいかに解決するのか、③その視点、方法、システムをどうつくるのか、の三点です。児童会・生徒会による「いじめ対策委員会」の設置などは不可欠でしょう。日常の〝活動〟こそ命です。つまり、全校、学級、学年でのいじめ追放宣言やいじめを許さない全校の合意形成、保護者や地域、教職員と学校が一体となった、いじめ防止のための協議会の立ち上げ、自発的ないじめ防止学習の実施、あるいはいじめ寸劇の発表会の開催、人権侵害をしない係活動やいじめを注意する係活動などユニークで楽しくなるいじめのペナルティの確立といった、子どもたちが生き生き活動できる、創造的な工夫も肝要です。

とりわけ、担任にとって大切な視点は、どの子にも居場所と出番のある学級づくりを実現することです。同時に、いじめを苦にして自殺するケースが後を絶たないなかで、家庭生活はもちろんのこと、学校生活を通しても、いかにして子どもの中に自己肯定の心情を育てるのか考えるべきでしょう。

また、今日的な緊急の問題として学校が重視すべきことは、ケータイリテラシーやメールリテラシーを子どもたちに丁寧に習得させることです。とりわけ、いじめのツールとして使うことの問題点について考えること、学校としてのケータイ使用のルールの確立なども緊急課題です。

間接的アプローチのポイント——心安らぐ学習・生活環境の整備と規律の確立　間接的アプローチの各項目についても、先の図A（表紙裏参照）で示した通りです。中でも学校で大切なことは、校則や詰め込み授業など、子どもにとってストレスフルな環境をいかに緩和できるかです。

また、子どもたちが、これまでの自分とは異なる一歩前進した〝新しい自分づくり〟に本気で挑戦できるようにサポートしていくことも、いじめを生まない〝自分づくり〟や学校づくりのために重要です。

つまり、人権を尊重し他者の心を傷つけないヒドゥンカリキュラム（学校づくりの理念となるような「もう一つの（裏の）カリキュラム」）づくりのためにこそ、全校の学校文化をつくりあげること、具体的には学校、学級の行事を盛んにすることなどが求められているのです。

家庭や地域に何ができるのか　学校で発生しているいじめに対して、家庭や地域が解決のために何か直接的にできるわけではありません。そこで、ここでは八〇年代からこれまでのいじめ問題における家庭・地域の問題点とは何だったのか整理してみましょう。そこから家庭・地域はいったい何をすべきなのか考えていきましょう。家庭や地域が抱えている問題点を列挙すると次の九項目になります。

〈いじめ問題における家庭・地域の問題点〉

・家庭が子どもの安心できる「居場所」や「防波堤」になっていないこと。
・いじめられる子どものいる家庭や悲劇に襲われた家庭の方が逆に地域で孤立していること。
・ＰＴＡが学校に従属し、子どもや親の味方になれていないこと。
・少子化・核家族化の進行による人間関係能力の低下（家族の中でも向かい合う関係が希薄化）。

・いじめを容認あるいは助長するようなテレビ番組やゲームソフトなどの横行。
・ケータイやパソコンの無規律的な使い方を子どもに許していること、ケータイリテラシー・メールリテラシー教育の欠如。
・子どもを丸ごと受容できず、訓練・習熟に偏った子育て思想の広がり。
・「わが家の子育て」思想が弱体化し、何でも学校に頼りすぎること。
・(企業社会日本における)父親不在の深刻さ。

これらの諸問題点を克服していく上で通底させてほしい発想は、「わが子を人権をふみにじる虐待行為であるいじめの加害者だけにはしない」という決意でしょう。日本の場合、親のしつけとして「いじめをしない」ことを強調している家庭は、アメリカの三二%、イギリスの三四%に対して、わずかに九%しかありません(文部省・子どもの体験活動研究会、一九九九年一〇～一二月実施)。加害者にしないという子育ての姿勢が弱いことが示されています。しかし、その一方で、日本において親が、子育ての最大のテーマとして望んでいることは「人の心の痛みがわかる心優しい子ども」にいかに育てるのかということでもあります。このことは、私が主宰する臨床教育研究所「虹」の調査からもうかがえます(拙著『思春期の危機をどう見るか』岩波新書、二〇〇六年参照)。この視点から「わが家の子育て」をもう一度見つめ直してほしいのです。

「いじめられない子育て」は、これまでにも述べたように不可能なのです。家庭・地域社会でできることは唯一、「いじめない子育てと教育」だけです。

そう考えると私たちの社会は、いじめっ子をいかに生みやすい環境となっていることでしょうか。くり返し述べているように、学校制度そのものが、今日では学力向上一辺倒の、数値に偏った成果主義に陥っています。そうしたなかにあっても、せめて家庭や地域こそ、「いじめの加害者を生まない」人間環境や関係づくり、または子どもの心が安定するような人権感覚豊かな教育をめざしたいものです。国や行政に振り回されるのではなくて、家庭と地域から包み込むようにして、学校を人間味のあふれる子どもたちの居場所へと切り替えていきたいものです。

緊急避難としての不登校　わが子がいじめにあっていることが判明したらどうすべきでしょうか。次のポイントをおさえて行動することが大切です。

①両親は、徹底してわが子の味方であり、どんなことをしても必ず守り通すこと――言葉だけでなく表情など非言語的表現をも通して、しっかり伝わったと子どもが実感できるようにすることが必要です。また、いじめは、加害者が一〇〇％悪く、いじめられる側にたとえ問題があったとしても、重大な人権侵害であるいじめを受けるいわれはないこと、したがって、いじめの加害者はやがて後悔し、いじめを続けていれば将来人間性においても歪んでしまい、本当の自由な生き方ができない、いじめる側でなくてよかったことなどをじっくり語り合うことです。

②そのためには、学校が危険であれば、一時的に避けることも選択肢として考えるべきです。登校しないという選択肢です。また、ケータイは電源を切っておく、もしくはしばらくは親が預かる工夫なども必要です。

③いったい、いつごろから誰によってどうされてきたのか、いじめの実態を、無理強いせず、

あいづちを打ちながら、冷静にじっくりと聞きとることです。「それはつらかったね」とか「そうかい、そうかい、お母さんが気づかずにごめんね」など、受けとめることによって心にトラウマが残らないように、あくまでも慎重であるべきです。と同時に「何があってもお前の味方だよ」ということをしっかりと言葉と態度で伝えることです。

④これらを丁寧にメモしておくことです。

⑤概略がつかめたら、校長と担任の双方に連絡しましょう。校長には直接会って、話した方がよいでしょう。むろん、担任が信頼できて、力量があると判断できれば、つまり、これまでのかかわりを通して信頼できる担任であれば、まず担任に相談するべきです。そして、親も共同して、相手がいじめをやめるよう、クラス全体にいじめをやめる空気をいかに段取りよく張りめぐらせるのか、その知恵を絞ることです。子どもたちの前進を信じて作戦を練り上げることです。

⑥これらを実行しても事態が進展しない場合は、外部の専門機関に連絡・相談するとともに、転校を考えたり、あるいは、相手の加害者側の転校を求める段階にまで踏み込む必要があります。

いじめ問題の解決とは、いじめっ子(あるいはクラス、グループ)がいじめをやめること以外にはありません。被害者が「いじめに耐えることで強くなった」などと後からいうのは、自己を納得させるため、あるいは「自己満足」のひとつかもしれません。いじめの被害者は、どこかに深い心の傷を負っているものです。将来、精神的ゆとりが持てない場面などで思いがけずフラッシュバックのようによみがえり、悩ませることも少なくないのです。

いじめの加害者も、心が豊かに成長できた段階では、心を痛めることになり、深い後悔の念にからられます。時間をさかのぼって被害者にわびることもできず、生涯にわたってひそかに苦しむことになるのです。ですから、いじめの加害者のためにも、いじめは即刻やめさせなければならないのです。被害者側も、この視点に立つと視野が広がり、肩の力も抜けて楽になります。話す気持ちや行動に移す力もわいてくるのです。

3　子どもを育てられる社会へ——子どもを主役として

子ども参加のいじめ防止と克服　前節でも述べたように、いじめ解決へのプログラムには、第一には「人権の尊重、人間への愛、社会進歩へのロマン」を学校のヒドゥンカリキュラム、すなわち学校づくりの理念として掲げることが必要です。第二には、子ども参加の防止活動をいかに、子どもが主体となった子ども自身の取り組みとして構築できるのかということです。

これら二つの視点を欠落させたいじめ解決への提言や活動は、本章1でも述べたように、いわゆる対症療法にすぎず、とかく加害生徒と現場教師へのバッシングに終始することとなります。うっかりすると、自己満足だけに陥ってしまう危険性もあります。

「第三のピーク期」に入った今日のいじめをめぐる状況の最大の特徴は、この危険な自己満足に陥っていることだとも言えます。残念なことですが、子どもがかかわる事件などに対して厳罰化を求める風潮が強くなっていることや、学校・教師への過剰ともいえるバッシングが起きていることなど、現在の社会のムードに大きな要因が求められるかもしれません。いじめ現象の背景や原因を歴史的、科学的、包括的にとらえて分析する丁寧さ、冷静さを忘れ、一時の感情論や狭い経験主義に陥る傾向が、いじめをめぐる最近の議論の中にうかがえます。そうした大人たちのつくる風潮こそが、子どもたちの世界にいじめを生み、さらには、学校現場をいじめに無頓着な場所へと変質させてきたように思えてなりません。

私たちは、子どもや学校、教師を批判こそすれ、どうすれば、生き生きとどの子も輝くような学校が創造できるのかを、本気で模索してこなかったのではないでしょうか。批判さえすれば、あとは子どもや教師自身の力で回復してくるだろうと考えているとしたら、あまりにも楽観的で無責任すぎます。具体的に、社会全体が子どもを育てることができる環境やシステムづくりに、乗り出す必要があるのです。そのような社会全体が子どもや学校を「育てる」といった優しいまなざしこそが、子どもたちに希望を与え、あえて困難に挑みつつも、自らの問題を自らの知恵と勇気で克服しようと動き始めるのです。私たち大人は、そのような子どもへのかかわり方やサポートの仕方に習熟する必要があるように思います。では、そうした取り組みの一例を紹介しましょう。

一六校による「いじめをなくすための中学生交流会」　二〇〇六年一二月一三日に、大阪の高槻《たかつき》市では、市内の中学校一六校の代表が一堂に会して「いじめをなくすための中学生交流集会」が行われました。いじめをなくそうと生徒が自主的に呼びかけあって取り組んでいる活動です。いじめへの取り組みだけでなく、他校と交流する中で、視野を広げ教訓を得ようとするものです。A中学校のある生徒は「心の中ではあかんと思っているけど、みんなやってるから。仲間はずれにされたくないからやってんやろ」と言います。こうして、A中学校では、いじめられている人、いじめてしまった人などみんなの声を募集して生徒会新聞に載せることにしたのです。それぞれの気持ちを記すことで、いじめに向き合ってもらいたいと生徒会の生徒たちは言います。いじめや自殺の報道が毎日のようにくり返される中で、このようなメッセージの募集を考えついたのだと言います。「いじめとかなくなったりしてくれればいいや。自殺とかもしてほしくない」と女子の生徒会長は明言しています。

このような子ども自身の発想による自主的活動こそ必要なのです。子どもたちが、自らの課題として取り組んだ時に初めて、いじめのない学級や学校が実現できるからです。なぜなら、教師にはいじめが発見できていなくても、子どもたちどうしでは、わかっているケースが多いからです。すでに思春期の自立期に突入した子どもたちは、その精神的自立への衝動と芽生えてきた自分に対するプライドのために、親や教師には話したがりません。また学校の中でも仲間との同調圧力(ピアプレッシャー)も強くかかるので、教師に訴えることもできません。加えて、今度は自分がいじめを受けるのではないかという不安に襲われることになれば、まったく身動きがとれなくなるのです。

けれども、仲間内の生徒会で取り組むのなら別です。もともと、どの子もいじめはよくない、人の心を傷つけるのは恥ずかしいことだと内心ではわかっているので、このような認識が逆のピアプレッシャーとして良い方向に作用し、「みんながいじめを追放したがっているから、自分も行動しなければ」と、みんなにつられて解決・克服への途《みち》を歩み始めることも珍しくはないのです。

いじめっ子にも対応する小学生たち

子ども自身がいじめ克服に取り組む小学校があります。和歌山県の「きのくに子どもの村学園」です。小学校から高等専修学校まで、一学年およそ一五人の小さな学校です。田植えや稲刈りなど、すべて子どもたちの手で行う、「プロジェクト」と呼ぶ体験学習の授業が中心(週の約半分)の学校です。算数などの基礎学習は、体験の中で見つけた問題と結びつけて学びます。そのために、宿題も教科書さえもありません。一年生から六年生までみんな一緒に勉強しています。「子どもの自主性を育てたい」というコンセプトの下に、この学校は誕生したそうです。

「勉強はたくさんさせられているが、考える力はついていない。子どもが自分の頭で考え、力を合わせて生きていける学校をつくりたいと思って」と先生は語ります。

おもしろいのは、この小さな学校でいじめが起きた際の子どもたちの対応です。ここでは、すぐさま全校集会でみんなで話し合います。「子どもの問題は、みんなで話し合い解決するのがルール」だからです。

Y君はいじめられてしまうのですが、いじめているのはK君だと先生にも児童にもわかりました。先生は「K君はお母さんと離れて寮生活になってしまい、寂しくていじめてしまうようだ」と集会でみんなに話しました。寂しくて、つい意地悪をしてしまったという分析です。そこで、子どもたちは解決策を話し合います。

「K君が謝って、これから絶対にしないならY君も許すというので、K君は謝って、周りもちゃんと遊んであげるっていうのでいい？」

議長がみんなに問いかけます。みんなは「ハーイ」と明るい声で了解します。意見を出し合い、問題を解決する。これも立派な「授業」なのです。この集会のあった夜の寮。そこには、友達とくったくなく遊んでいるいじめっ子K君の姿がありました。

これが「きのくに子どもの村学園」でのいじめをめぐる一コマです。小さな特殊な学校の実践かもしれませんが、ここには「子ども参加のいじめ防止実践」の典型があります。

先の大阪府高槻市の中学校も、この小さな小学校も共通しているのは「子どもが主役」だということです。善意からとはいえ、「反社会的な行為として絶対許されない」「指導、懲戒の基準を明確にし、毅然とした対応をとる――たとえば、社会奉仕、個別指導、別室での教育」（教育再生会議「いじめ問題への緊急提言」）だとか、「弱いものをいじめることは人間として絶対に許されない」（文部科学省「いじめ問題への取組の徹底について（通知）」）などと大人が一方的に声高に叫ぶ姿と、これらの小中学生のいじめへの対応の仕方とを比較すると、どちらが効果的か、あるいは人間的で全員が成長できるかは明白でしょう。

「子どもの問題のスペシャリストは子ども」なのです。子どもが中心にならないいじめ解決策では、たとえ形式的、表面的にはいじめがなくなったとしても、いじめを生むマイナスのマグマは依然として根深く潜んでいることになります。いつなんどき噴き出すかわかりません。いじめを封じ込める発想ではなく、子どもたちの知恵と勇気と努力を信頼して、子どもたちが主役となって、いかにいじめの世界から被害者も加害者も、すべての傍観者も脱出することができるのか

──ここがポイントなのです。

いじめを必要以上に恐れることはありません。いかに早期に解決するのかが大切です。いじめは、発生することが問題なのではありません。自分たちの力で克服できないことが恥ずかしいことなのです。

子どもが主役の教育　自分たちの力でいじめを克服するためにも、今日の教育改革の視点、すなわち新自由主義的な競争原理によって各学校を競わせ、商品のようにランク付けするような視点は、教育の条理には合いません。

保護者は、消費者ではありません。教師と共同して、子ども主体の学校をそれぞれの地域の個性と伝統を大切にしながら多様に育む〝仲間〟なのです。本来、親と教師は分断され、敵対する関係ではありません。それでは、力が分散し、子育てのエネルギーも有効に働かず、もったいないことだと思います。一皮むけば、親の願いも教師の思いも本音のところでは同一軌道上にあるように思います。これほどまでに、子どもが深刻な事態に直面しているのに、なおも「学力向上」を最優先課題と考える親や教師などがいるとしたら、大いに疑問です。

今日、政治・経済の領域は、激しいグローバル化や競争主義の波に襲われています。教育の領域では、数値目標を掲げた成果主義に足元をすくわれてはなりません。また、経済格差が学力格差の固定化・拡大化を進めるような「教育改革」にまかせてはなりません。現在起きているいじめ問題を契機に、親と教師が、子どもを中心にすえて、共同の新たな関係性を構築し、強化することもできるのです。自由でありつつも、協力性、共同性が強化され、たくましい「生きる力」を持った子どもや青年を育てたいものです。そして子どもたちには、厳しいグローバル化社会を、世界の人々とともに協力し、英知を絞って平和な世界を志向できる、「地球市民」としてのまなざしを培《つちか》ってほしいものです。

「子ども主体の教育」、換言すれば、子ども参加による子どものエネルギーと創造性が最大限に生かされる学校づくりこそ、いじめ解決の基本方向だということを、私たち大人が一人ひとり認識しなければならないのです。

さらに、いじめ問題と真正面から向き合うことで、大人自身も変わることが求められるのです。「大人社会にもいじめはあるから」などと現状肯定の後ろ向きな生き方ではなく、子ども時代にいじめを克服する体験をくぐり抜けることによって、他者への信頼感と人間への限りない愛着を体得した大人を育成するのだという大きなロマンを掲げて子どもと向き合い、解決に取り組みたいものです。子どもを単に受動的な存在ととらえず、時代を切り開く「創造者」として、未来を生きる子どもたちから大いに学ぶ、大人と子どものパートナーシップを強めることが大切でしょう。

〈参考文献〉　いずれも拙著

『いじめ防止実践プログラム――一人ひとりの教師への指針』学陽書房、一九九七年

『いじめっ子――その分析と克服法』学陽書房、一九九六年

『いじめ――その発見と新しい克服法』学陽書房、一九九五年

「岩波ブックレット」刊行のことば

今日、われわれをとりまく状況は急激な変化を重ね、しかも時代の潮流は決して良い方向にむかおうとはしていません。今世紀を生き抜いてきた中・高年の人々にとって、次の時代をになう若い人々にとって、また、これから生まれてくる子どもたちにとって、現代社会の基本的問題は、日常の生活と深くかかわり、同時に、人類が生存する地球社会そのものの命運を決定しかねない要因をはらんでいます。

十五世紀中葉に発明された近代印刷術は、それ以後の歴史を通じて「活字」が持つ力を最大限に発揮してきました。人々は「活字」によって文化を共有し、とりわけ変革期にあっては、「活字」は一つの社会的力となって、情報を伝達し、人々の主張を社会共通のものとし、各時代の思想形成に大きな役割を果してきました。

現在、われわれは多種多様な情報を享受しています。しかし、それにもかかわらず、文明の危機的様相は深まり、「活字」が歴史的に果してきた本来の機能もまた衰弱しています。今、われわれは「出版」を業とする立場に立って、今日の課題に対処し、「活字」が持つ力の原点にたちかえって、この小冊子のシリーズ「岩波ブックレット」を刊行します。

長期化した経済不況と市民生活、教育の場の荒廃と理念の喪失、核兵器の異常な発達の前に人類が迫られている新たな選択、文明の進展にともなって見なおされるべき自然と人間の関係、積極的な未来への展望等々、現代人が当面する課題は数多く存在します。正確な情報とその分析、明確な主張を端的に伝え、解決のための見通しを読者と共に持ち、歴史の正しい方向づけをはかることを、このシリーズは基本の目的とします。

読者の皆様が、市民として、学生として、またグループで、この小冊子を活用されるように、願ってやみません。

（一九八二年四月　創刊にあたって）

尾木直樹（おぎ・なおき）
一九四七年滋賀県生まれ。教育評論家。早稲田大学教育学部卒業後、私立海城高校、東京都公立中学校教師を経て、現在、法政大学教職課程センター長・教授、臨床教育研究所「虹」所長。
著書に『いじめ――その発見と新しい克服法』『いじめっ子――その分析と克服法』『いじめ防止実践プログラム』(以上、学陽書房)、『いじめ問題をどう克服するか』『子どもの危機をどう見るか』『思春期の危機をどう見るか』(以上、岩波新書)、『「ケータイ時代」を生きるきみへ』(岩波ジュニア新書)、『尾木ママの「叱らない」子育て論』(主婦と生活社)、『「学び」という希望――震災後の教育を考える』(岩波ブックレット)ほか。